悦读好故事系列丛书

致命的疏忽

ZHIMING DE SHUHU

李却咎◎著

安徽师范大学出版社
· 芜湖 ·

图书在版编目(CIP)数据

致命的疏忽 / 李却咎著. —芜湖 : 安徽师范大学出版社, 2017.3
(悦读好故事)
ISBN 978-7-5676-2732-1

Ⅰ. ①致… Ⅱ. ①李… Ⅲ. ①故事 - 作品集 - 中国 - 当代 Ⅳ. ①I247.81

中国版本图书馆CIP数据核字(2016)第323231号

致命的疏忽　　李却咎◎著

责任编辑:王一澜
装帧设计:任　彤
出版发行:安徽师范大学出版社
　　　　芜湖市九华南路189号安徽师范大学花津校区
网　　址:http://www.ahnupress.com/
发 行 部:0553-3883578　5910327　5910310(传真)
印　　刷:浙江新华数码印务有限公司
版　　次:2017年3月第1版
　　　　2017年3月第1次印刷
规　　格:700 mm×1000 mm　1/16
印　　张:14
字　　数:197千
书　　号:ISBN 978-7-5676-2732-1
定　　价:35.00元

目　录

第一辑　致命的疏忽

第二辑　诱人的秘密

第一辑

致命的疏忽

第一辑

致命的疏忽

一、山本五十六的疏忽

1942年1月，日本联合舰队司令官山本五十六在“大和号”战列舰指挥室里，正全神贯注地盯着太平洋地图上一个小岛屿沉思着，这个岛屿被红笔圈了起来，旁边写着“AF”两个字母。

这时候，日本海军参谋长宇垣匆匆跑进来，报告说日军编号为“伊-142”的潜艇在澳大利亚海域完成布雷任务后，因故障浮出水面，被美军发现后被击沉。

“哦，那你发一份该舰阵亡通知书回国吧。”山本五十六满不在乎地说，他的注意力仍在地图上。自打成功偷袭珍珠港后，日本海军力量达到了鼎盛时期，光潜艇就有上百艘，损失一艘潜艇对他们来说算不了啥；何况二战期间，交战双方每天都会有飞机、战舰被击沉在太平洋。

“长官，是否派侦察机到失事地点察看一下？我担心潜艇会落到美国人手中。”宇垣道出了担忧。

山本五十六自信地笑了：“宇垣君，你多虑了，潜艇沉没的区域平均水深超过了150米。谁能把它捞上来？”听到这话，宇坦没再吭声了。

不错，山本五十六对太平洋的情况了如指掌，可他哪里会想到，“伊-

142”是在浅水区被击沉的。该艇上浮被美军发现后，它立即向总部发了电报，当时它确实在深水区；但接下来事情发生了戏剧性的变化——为了逃避美军战舰，“伊-142”慌不择路竟闯入了浅水区，艇长想再次发报，但电台却被炮弹震坏了，最后，潜艇上的全体官兵葬身于鱼腹。

这一点，山本五十六疏忽了。正是这小小的疏忽，不仅让美军扭转了太平洋的战局，还为山本五十六本人招来了杀身之祸。

二、获取“JN-25”

第二天，美国海军的潜水母舰”霍兰号”实行了严格的无线电管制，悄然开进了日军潜艇沉没的那片海域。船刚停稳，几十名潜水员带着割枪跳进水里开始了打捞作业。难道美军要把日军的尸体捞上来再土葬？按照惯例，海战中阵亡的官兵向来就葬在大海里，美军为啥要多此一举？

潜艇外壳很快被割开了，潜水员们鱼贯而入。然而，他们对日军的尸体不屑一顾，只是忙着翻箱倒柜。不一会儿，里面的航海日志、作战计划等资料陆续被带出水面。看到这些，舰长只是不满地摇着头，命人继续查找。最后，一名潜水员浮出水面，他手里拿着一个精致的铁盒子。一见到这盒子，舰长立刻两眼放光，迫不及待打开了盒子——里面只有一个红色的小本子，上面印着“JN-25”。看到这几个字后，“霍兰号”的舰长笑了。它，就是美军千方百计要找的东西——日本海军正在使用的绝密作战密码本。当时，美国海军力量远不如日本，获取了敌人的密码，就可以集中优势，做到先发制人。

密码本当天就被秘密送到了罗彻福上校手中。罗彻福是负责截听、破译日本海军密码电报的美国太平洋舰队特别情报组的组长。拿到“JN-25”密码本后，罗彻福抑制不住内心的狂喜，立即带着52名破译好手，在珍珠港一个戒备森严的地下室开始了夜以继日的破译工作。

罗彻福很快就发现：日本海军使用的"JN-25"密码共有五万个五位数的数码组，另配一本五万组的乱码本，发报时，发报员随意加上几组乱码，其中一组会告诉接收方密码本的页数、段数和行数，以便对方收报后解密译出报文。而且，他们的乱码本还经常更换，日军想得很周到：单凭美军自身力量，就算截获到密电也甭想破译出来！不过有了"JN-25"，再加上自身多年丰富的解码经验，罗彻福还是找到了破译日本海军密电的方法。这样，大量有价值的电报源源不断地送到美国海军舰队司令尼米兹的手中。根据这些情报，美国海军击沉了一艘又一艘日军的战舰和潜艇，渐渐在海战中占据了上风。

三、决战中途岛

随着时间的推移，罗彻福掌握了越来越多的信息。这时，日军一份密电中的"AF"字母引起了他的注意。他突然想起来：近来这个代号出现的频率相当高，迹象表明，这地方对日军来说非常重要，他们正集结力量准备进攻"AF"。可是"AF"到底在哪呢？

眼看日军的集结就快完成，时间越来越紧迫了，可罗彻福却找不到一点儿头绪。

一天夜里，罗彻福站在太平洋地图前，看着这张巨大的经纬交错的"网"，叼着雪茄沉思着。突然间，他两眼一亮，目光落在了中太平洋的一个小岛上，这个岛的交叉点上有两条坐标线，横线标的是A，纵线标出了F，这个岛是美军基地中途岛。"就是它了！"罗彻福高兴地跳起来，三步并两步跑去向尼米兹将军报告。

"你能肯定'AF'就是中途岛吗？"尼米兹冷静地问。

"这……"罗彻福犹豫了，是啊，将主力都调走了，一旦判断错误，后果不堪设想。他突然想起了什么，抬起头说："将军，我们可以这样做……"接着他对尼米兹轻声耳语。尼米兹听后，赞许地点点头。

第二天，中途岛给美国太平洋总部发出了一份电报，声称中途岛淡水蒸馏设备发生故障，供水极其困难，请求维修人员支援。由于这类电报不涉及作战机密，按照惯例，用明码电报发了出去。不一会儿，罗彻福和他的情报机关就截听到了日本海军总部发往各舰队的紧急通知，说“AF”缺乏淡水，要求作战单位备足淡水和带上维修人员。看到日军的这条电报，尼米兹和罗彻福相视而笑了——敌人上当了，真相已大白，“AF”就是中途岛，山本五十六的目标就是它！

1942年6月5日，扭转命运的一天终于来了。山本五十六站在“大和号”战列舰的甲板上，指挥着他庞大的舰队群扑向中途岛。这一次，他把绝大部分海上兵力集结起来，准备像偷袭珍珠港那样偷袭中途岛。只要拿下该岛，日军就等于把手中的匕首换成了长矛，他们在太平洋的势力就会得到极大的扩张。山本五十六的脸上露出了笑容，他认定，中途岛已是囊中之物了。

突然，轰的一声，只见走在前面的“苍龙号”航空母舰晃了晃，向一边倒了过去：它被在水下等候多时的美国潜艇的鱼雷击中了，紧接着海面上出现了两条白色的轨迹——又有两枚鱼雷击中了它。山本五十六还没明白是咋回事，“苍龙号”便连同满船的人沉入海底。“快，准备应战！”山本五十六惊叫道。话音刚落，云层中一下钻出37架战斗机，顿时雨点般的炸弹泻到了他右边“赤城号”航空母舰的甲板上，转眼间，“赤城号”也沉没了。剩下的战舰仓促应战，但毫无防备的日军根本就不是美军的对手。一时间，太平洋上浓烟滚滚，火光冲天，日军损失惨重，四艘主战航母先后被击沉在太平洋的波涛之中，其余被击沉、击伤的战舰更是不计其数。山本五十六见大势已去，不得不带着残余的部队仓皇逃走了。

这次海战，美军获得了巨大胜利，完全扭转了太平洋战场的局势。从此，太平洋战场的主动权牢牢掌握在美军手中。这些得归功于山本五十六一次小小的疏忽。

中途岛战役后，日军仍在使用“JN-25”密码。一来，日本海军广泛分布在太平洋上，更换密码必须派专人把新密码本一一送到各条战舰上，这样至少得耗费半年时间；二来，就连山本五十六本人也不敢确定密码是否已泄密了。他清楚记得，在距中途岛还有一千多英里的空中，竟出现了美军的侦察飞机，按日本舰队的航速，一千英里至少得走上一天半，这样美军就有了足够的时间去应战了。当时，飞机最大的航程也不过七百英里，这种侦察机肯定是美军最新研制的。

其实，美军哪有什么新式侦察机。为了迷惑山本五十六、保护密码本，罗彻福想出了一招。他让人把飞机上能拆的都拆掉，再添加上副油箱，故意让飞机出现在山本五十六面前，这样一来，就连山本五十六都迷惑了。飞机返航不久便燃油耗尽一头栽入海中，机师则跳入海中，由等候多时的船只救起，可刚愎自用的山本五十六是想不到这些的。

四、天狐行动

这天，情报小组又破译了一条重要的电报，掌握了日军“太仁号”运输船要往前沿基地送补给的动向。看到这条信息，情报组成员兴奋不已，连日来的辛劳一扫而光。“太仁号”可是日军最大吨位运输舰呀，它为日军提供过无数的弹药。这船行动隐秘，而且每次出航都有众多舰队护航，美国海军早就想干掉它了，却一直未能如愿。这一次，“太仁号”仅有两条驱逐舰和几条护卫舰一同上路，这真是千载难逢的机会啊。情报汇总到了罗彻福手里，大伙着急地盯着他，只要他一点头，“太仁号”便会永远地沉睡在海底。

罗彻福盯着电报，眉头渐渐皱起来，好一会，他抬起头：“放过‘太仁号’，由它去吧！”大伙一听，都愣住了，不明白罗彻福为啥要放弃这个绝好的机会。

几天后，“太仁号”开到了日军的布因基地，补充了大量的军火弹药，然后又慢悠悠地回到了日本港口。这一切，情报小组都侦察到了，见“太仁号”大摇大摆的样子，气得大伙满嘴是泡，可罗彻福就是不肯签字，没有他签字，情报是不能送上去的，大伙只能干着急。

就在“太仁号”回到日本港口的第二天，情报小组又截到了一条由日本联合舰队总部发给部下的信息：“‘JN-25’尚未泄露，仍可放心使用！”看到这条信息，罗彻福露出胜利的笑容。

原来，这一切只是山本五十六的诡计！他用“太仁号”作诱饵试探美国的反应，如果该舰遭遇攻击，他便会立刻更换新的密码。

难怪当初罗彻福不肯签字——他猜到了这里头有鬼。可是，情报组的成员不明白，他是怎样识破山本五十六这条老狐狸的计谋的？

罗彻福笑了：“‘太仁号’对日本人来说非常重要，每次都有重兵护航，这次的护航兵力不仅少得可怜，而且它出航的电报也不像以往那样，使用多次加密的方法进行通讯。这种种反常令我产生了怀疑。”

“山本五十六这么舍本的做法，我敢肯定他要来动作了。”罗彻福肯定地说。

果然，一个星期后，一条由日本联合舰队总部发出来的电报又被截获了，这是一封层层加密的电报。小组成员用了一整天时间才把它解出来，交到了罗彻福手上。罗彻福一看内容，顿时激动无比，电报写道：GF长官将飞往前线布因基地视察。电报下面还提到了具体的出发地点、时间及航线。罗彻福对“GF”这个代号太熟悉了，这是山本五十六的代号呀！从电报加密风格以及紧凑的日程安排来看，这绝对是条真信息。罗彻福想了想，立刻找到了尼米兹将军。

尼米兹看到电报后，神情严肃起来，他不由想起了珍珠港被袭的惨状。当年，就是山本五十六这家伙，策划了震惊世界的珍珠港事件。“这条老狐狸,我恨不得宰了他!”尼米兹的拳头重重砸在桌上。

“对,我们就干掉他!”罗彻福接茬道。山本五十六是日本海军最高指挥官,而且是日本全民偶像,干掉他,不仅会令日本军界引起混乱,而且能沉重打击敌人士气。罗彻福指着地图说,布因是日军在太平洋的前沿基地,距美军势力范围不足五百英里。罗彻福想到了一个大胆的计划:派出战斗机,守在山本五十六的必经之路上,然后干掉对方。“好,就这么干!”听完罗彻福的计划,尼米兹将军连连叫好,当即同意了。

几天后,复仇的日子到了。从美军基地出发的战斗机,经过长途续航进入了预定的空域。不多时,前方出现了几个小黑点,正是山本五十六的座机和他的护航机组!尼米兹将军一声令下,16架美制P-38闪电式战斗机像猛虎般扑了过去。一番激战过后,不可一世的山本五十六,这位双手沾满了人民鲜血的恶魔连同他的飞机一同坠了下去,摔得粉身碎骨。

山本五十六的死讯传回日本,举国痛哭。他完蛋后,日本海军的作战范围被迫大幅收缩。

山本五十六直到死都没想到,中途岛的惨败以及行踪暴露而招来的杀身之祸,全是他自己一个小小的疏忽造成的。其实,他当初要是派侦察机飞到“伊-142”被击沉的地方瞧一下,就能轻易发现:潜艇静静躺在不到20米深的浅海,外壳被割开一个大洞,里头的文件全被捞走了。

干掉“俾斯麦号”

“俾斯麦号”是条德国的战列舰，它的出航，何以让英国首相丘吉尔如临大敌，并下令不惜一切代价干掉“俾斯麦号”？

1941年5月的一天，英国海军情报组组长约克满头大汗跑进来，把一条刚破译出来的情报递给丘吉尔。电报写道：“俾斯麦号”已出港，正驶向大西洋。尽管当时天气仍带着丝丝凉意，可看完电报后，丘吉尔的额头竟冒出细密的汗珠。他的眉头紧皱，沉思片刻后，丘吉尔扭头下令道：“组织海军所有力量，不惜一切代价拦截并击沉‘俾斯麦号’！”

“俾斯麦号”是二战期间德国的一条战列舰，为啥它一出航，竟令英国惊慌不已？

与此同时，海军上将吕特晏斯独自站在舰桥上，正望着远去的港口。他，就是“俾斯麦号”战列舰的舰长。

二战爆发前，德国海军力量一直不如英国，希特勒于是想出了集中火力的办法，制造出了世界上最强大的战列舰。按计划，德国将要建造十几艘此类战舰，但二战提前爆发了，仓促间，德国仅仅造出了“俾斯麦号”这一艘超级战列舰。

该舰长近300米，船体包裹360毫米甲板，普通炮弹压根儿对它不起作用。船上有8门巨型主力炮，还有大小几十门常规炮以及鱼雷发射管和水上飞机。“俾斯麦号”凭借厚实的装甲和强大的火力，迅速成为了海上的巨无霸，一艘船可以对付对方十几艘舰艇。事实上，“俾斯麦号”多次单舰出征，击伤、击沉了英军许多舰艇，而它仅仅负了轻伤。“俾斯麦号”已成为一只扼守在大西洋交通要塞的恶狼，经常伏击盟军商船，严重破坏了盟军在海上的运输线。不干掉它，大西洋永无宁日。

“俾斯麦号”前脚刚出港口，英国海军就对它制定了围剿计划，动用了密码破译、无线电侦察、飞机侦察等一切手段，开始了对恶狼的追踪。

几天后，“俾斯麦号”通过了卡特加特海峡。刚露面就被瑞典的巡洋舰发现了，瑞典随即通知了盟友英国。机不可失，听到这消息后，英方立即派出战斗群赶往卡特加特海峡，准备一举消灭对手。

可是，当大伙赶到海峡后，海面却平静得很。别看“俾斯麦号”体型大，航速可不低，它早就离开了海峡。

“想溜?！没门！”英国海军立即派出大量侦察机。10多个小时过去了，飞机一无所获陆续返回，只剩最后一架了，飞行员已在波罗的海上空兜了十几个小时，还是没能发现目标，他不禁焦急起来——油料即将耗尽。突然，他透过云隙发现海面上有条巨大的水迹——是“俾斯麦号”！消息一经传回，英方迅速命令就近的40余艘战舰围堵上去。

一场恶战即将展开！

5月22日，英国海军部分舰队追上了“俾斯麦号”，准备发起进攻。可就在这时，大西洋上空雨雪交加，战斗机无法起飞，匆匆赶来的都是些轻量级战舰，在没有空中力量支援的情况下，贸然进攻只能是以卵击石。但一看到目标，大伙都抑制不住内心的兴奋，不假思索开了火。果然，才几个回合，英军就被打得灰头灰脑的，只好纷纷退出战场，而对手却毫发无损。也难怪，“俾斯麦号”的主炮射程优于对手，没等英舰靠近就敲掉了对方。

“哼，不自量力！”吕特晏斯洋洋得意地望着溃不成军的对手，脸上露出不屑的神情。"将军,要不要发个电报回去,请求总部派兵增援?"副官走过来询问道。吕特晏斯摇摇头,他想:"这不过是小小的遭遇战,不必在意,以前出航时也碰到过火力更强的英国舰队,照样打得对方落花流水。"接着,他按原定航线上路了,没再理会身后的残兵败将。然而,吕特晏斯并不知道,这只是个前奏,更激烈的战斗即将来临。

第二天,英国海军大部分主力赶来,团团围住了"俾斯麦号"。面对蜂拥而来的对手,吕特晏斯也很吃惊,但他很快镇定下来,迅速做好了应战准备。

砰!英国主力战舰"胡德号"打响了第一炮,其余的战舰也相继开火。一开始面对铺天盖地的炮弹,"俾斯麦号"被打蒙了,分不清东南西北。不过,吕特晏斯不愧是名老将,他抓起话筒命令道:"集中所有火力,击沉'胡德号'!"不大一会儿工夫,"俾斯麦号"一枚400毫米口径的炮弹击中了"胡德号"弹药舱,"胡德号"顿时发生了连环爆炸,舰体被炸得四分五裂,转眼沉入了海底。紧接着,"俾斯麦号"又调转炮口,瞄上了英舰"威尔士亲王号"——它也是英军的主力舰。尽管英军的炮弹密集得像蝗虫,纷纷落在"俾斯麦号"的甲板上,但没能给它造成致命伤。"俾斯麦号"边躲闪边死死咬住目标不松口,不到几分钟,"威尔士亲王号"便身中4发炮弹,连舰桥都被炸飞了,指挥官当场毙命,不得以,它只好退出了战斗。

接下来,先后又有十余艘英国战舰负伤,英方损失惨重,只好暂停攻击。"俾斯麦号"见机会来了,马上撤出作战区。在这次交锋中,"俾斯麦号"以一敌十,获得了初战胜利。不过,它自己伤得也不轻:舰身伤痕累累,燃料舱也被击穿了,虽说没引起爆炸,但燃油不断地漏出来,在身后留下一条明显的油迹。这不仅会让"俾斯麦号"在浓雾中暴露踪迹,照这样下去,油料很快就会漏光。吕特晏斯皱起眉头来——这样可不妙——有了!他心生一计。

英国方面虽然损失惨重,但击沉"俾斯麦号"的决心并未动摇,一轮新的

“捕狼行动”又展开了。

交战中，英军有一艘战舰负了伤，但它仍悄悄跟着“俾斯麦号”，将对方的动向及时报告给海军总部。当晚，它召集了一批鱼雷攻击机，又发起了一轮攻击。由于能见度不高，仅有一枚鱼雷击中舰体，给敌人造成不痛不痒的皮外伤。英舰跟屁虫似的行为激怒了吕特晏斯，他当即命令军舰调头，朝对方猛冲过去，劈头就是一顿炮轰，英军哪见过这种打法呀，才一会儿就招架不住了，被打得晕头转向，只好仓皇逃命。趁这当口，“俾斯麦号”迅速调回船头，加快速度，很快摆脱了英军的跟踪，消失在茫茫夜色中。

听到“俾斯麦号”跟丢了，英国方面立刻炸了锅，一旦让它跑了，那可是放虎归山呀！事不宜迟，丘吉尔马上把约克叫了过来。

一见约克，丘吉尔便着急地问：“如今‘俾斯麦号’从眼皮底下溜走了，依你看，它会往哪儿去?”约克低头想了想，分析了两种可能：对方已经负伤，且一直在漏油，已无法再按原计划去执行任务了，很可能返回德国大修，也有可能驶往离它最近的法国的布勒斯特港（当时法国已经沦陷）。大伙赞同约克的分析，兵分两路，在“俾斯麦号”通往德国和法国的必经之路展开了大搜索。

一架架侦察机在海面盘桓，一台台雷达日夜搜索，电台、无线电人员也在一刻不停监听“俾斯麦号”的无线电信号。然而，10个小时过去了，20个小时过去了，眼看30个小时快要过去，啥动静也没有——“俾斯麦号”就像人间蒸发了一样。

吕特晏斯曾参加过第一次世界大战，海战经验丰富，他早猜到英军的动向，于是耍了个花招，与英军兜起圈子。他竟然用商用明码电报联系上了德国的一条补给船，不仅补充了油料，还堵住了漏油处。英国当然也侦听到了这条电报，却错误地判断那只是条普通的运输船，因此并未过多留意，这样，英国人被吕特晏斯骗了过去，他们再次扑空。

正当大伙一头雾水时,“俾斯麦号”已拖着巨大的身躯在大海中悄无声息地游弋着。为了不暴露自己,吕特晏斯下令实施了无线电静默和严格的灯火管制,不知不觉中,整整40个小时过去了。吕特晏斯暗暗松了口气,心想这下终于摆脱了对手的追捕。这几天,他一直不敢发报请求支援,因为英军时刻在监听着自己的动向。吕特晏斯望着微波起伏的海面,对副官说:“你给海军总部发个电报,就说舰艇受损严重,暂缓执行原定任务。”顿了顿,吕特晏斯又嘱咐道:“记住,电报要短,发完立刻关机!”

电报顺利地发了出去,就在同时,它又被英国截获了,英国人不仅破译了电报内容,而且还测出了发报位置!看来,“俾斯麦号”这次甭想再逃了!

几小时后,英军舰队和战斗机迅速赶到了“俾斯麦号”的发报点,大伙摩拳擦掌,准备对它发起最后的攻击。然而出乎意料的是,海面空荡荡的,甭说战舰,连一只海鸟也看不到。难道,情报有误?还是“俾斯麦号”施了隐身术?

谁也想不到,“俾斯麦号”这会儿早已驶离了发报地几十海里。嗅觉敏锐的吕特晏斯隐隐感到不妙,一发完电报,便下令马上离开原位置。“俾斯麦号”再次躲开了猎人的追捕。

难道,这次“捕狼计划”真要以失败告终吗?丘吉尔双眉紧锁,两眼盯着桌子上的地图沉思着,听到海军又一次失利的消息,他的心渐渐沉了下去。就在这时,约克无比兴奋地跑进来,把一张刚破译的绝密电报递给他。丘吉尔一看,眉头竟松开了,高兴地喊道:“好,太好了!”

也许连上帝都要偏袒英国人,注定“俾斯麦号”要遭灭顶之灾,眼看英国人就要绝望了,这时希特勒却给吕特晏斯发了一封密电,命令他立即驶向布勒斯特港。

此时,“俾斯麦号”已经完全摆脱了追兵,正打算绕道返回德国。一接到这个命令,吕特晏斯头都大了,这不是去找死吗?虽说法国近多了,但英方早已布下重兵等他自投罗网。他回电试图说服希特勒，但希特勒主意已定。吕特晏斯无奈之下，只好硬着头皮朝法国开进。原来，德国刚好在法国弄到了生产原子弹用的重水，希特勒一听欣喜若狂，只想让“俾斯麦号”到法国去，用最快的时间维修好，然后护送重水回德国。只是希特勒没想到，他发出的指令彻底暴露了“俾斯麦号”的行踪。

很快到了黄昏，一切风平浪静，落日的余晖染红了海面。吕特晏斯却无心欣赏这美景，再过几小时，就能踏上法国那片美丽的土地了，但他心中却有种不祥的感觉。

突然，吕特晏斯听到了一丝不妙的声音，他抬头四处张望，啥也没有。声音越来越响——飞机的马达声！呼的一声，一架侦察机擦着桅杆一掠而过，没等大伙反应过来就消失在远方。

不好，是英国人！吕特晏斯抓起话筒吼道：“快，全速前进！”夜幕降临时，英国的轰炸机追上了“俾斯麦号”。冒着密集炮火，飞行员把一枚一枚复仇的炸弹投向“俾斯麦号”。轰的一声，一枚鱼雷正中“俾斯麦号”的主舵，“俾斯麦号”顿时失去了控制，随波漂浮在海面上。尽管受了重创，吕特晏斯却并不愿弃舰投降，仍然指挥军兵做垂死挣扎。“俾斯麦号”用副舵作“Z”字形摆动着，不仅躲开了射来的好些鱼雷，同时还用主炮敲掉了好几艘英舰。渐渐地，英军弹药也不多了，他们只好放缓了进攻。半个小时后，英国增援舰队赶到，进攻的号角再次响起，一时间，炮声隆隆，火光冲天，炮弹如倾盆大雨倾泻在“俾斯麦号”身上。“英王乔治五世号”是一艘新式的战列舰，刚下水便赶来参战，它连续发射了五发炮弹，其中一发正好炸飞了“俾斯麦号”主炮指挥仪，“俾斯麦号”顿时哑了下去。见机会来了，大伙冒险逼近，纷纷发射鱼雷攻击，砰——砰——，几发鱼雷又命中了敌人的要害——“俾斯麦号”腹部开始着火，舰身急剧向左倾斜，20分钟后，不可一世的“俾斯麦号”连同吕特晏斯在内的几千名官兵沉入海底。捕狼行动终于结束。

第二天,英国报刊登出了“俾斯麦号”被击沉的消息,当然,他们把英方的损伤数字减去了一半。

“俾斯麦号”被击沉的消息传回德国后,希特勒大为震惊,开始对这种造价昂贵的战列舰的海战能力产生了质疑。最终,他中止了发展海上巨无霸的计划。这正中英国人下怀。仅仅为了对付一艘“俾斯麦号”,英国动用了大量人力、物力,付出惨重代价,这才击沉了对方,一旦希特勒大力发展超级战列舰,广阔的海洋肯定是德国的天下了。

气泡也是武器

二战爆发时,总的说来德国海军的力量要比英国弱一些,德国便制造出了超级战列舰这种“海上巨无霸”跟对手抗衡。不过,在德国的巨无霸“俾斯麦号”被击沉后,德国人看到跟英国人在海面过招捞不到好处,就换成了在水下出招——大力发展起潜艇来。

英国人一直沉醉在击沉“俾斯麦号”的胜利中,忽视了反潜工作,所以在交战伊始,他们吃了不少亏,许多船只葬送在敌人潜艇的鱼雷中。后来,就连英国的“勇敢号”航空母舰也被德国潜艇击沉了。双方交战没几天,英国船只吨位损失数量竟达到了第一次世界大战期间1917年半年的损失量。照这样下去,英国海军那点儿家底还不给德国人掏光!

为此,英国建立了护航制度,加强了探测敌舰的能力,英国损失的吨位有了大幅的下降。德国当然不会就此罢休,他们在潜艇上也相应加强了反探测的技术,跟对手展开了一场新的较量。你们英国不是有雷达探测吗,那好,我就用气泡来对付你。这种技术就是当潜艇被发现时,就用鱼雷发射管从里往外打出空气,在水里形成大片的气泡,从而把英国的驱逐舰的雷达信号吸引过去,潜艇趁机开溜。这好比蜥蜴被追急了把尾巴摔断,用弹跳的尾巴吸引追捕者,它却借机逃之夭夭一样。这种技术很简单,但却非常有效,潜艇一放气泡,英国人只能干着急,眼睁睁看着猎物在眼皮底下溜走。

有了气泡护身,德国潜艇又猖狂起来,德国人甚至在报纸上公开叫嚣,气泡也能做武器!

为摆脱被动的局面,英国海军紧急召开了一个绝密会议,商讨如何应对敌人的潜艇。在会上,詹姆斯听到了一个令他振奋的消息:最新的气泡追捕装置已经研制成功,而且快要安装到他的舰艇上了。詹姆斯是英国最新式驱逐舰"皇家六号"的舰长,因为老逮不到德国潜艇,他可没少挨上头批。"这下好了!"他心想。

然而,就在当晚,会议的内容就被泄露了出去!一道隐蔽的电波从英国本土飞越大洋,把会议的信息报告给了德国。德国方面接到消息后,开始对英国的动向进行密切的关注。

自打会议召开后,英国还真扭转了颓势,他们击沉潜艇的数量越来越多,仅仅一个月,就有十几艘潜艇被干掉了,在英国的报纸上,经常可以看到有关德国潜艇被击沉的消息。

这天,是"皇家六号"返航休养和补给的日子,詹姆斯趁这个机会偷偷溜上了岸,到港口的酒吧喝酒去了。他走进酒吧刚坐下,有人拍他的肩膀:"嘿,老朋友,啥时回来的,也不告诉我一声。"詹姆斯回头一看,是他的救命恩人理查·克罗拉,一名海军舰队的食品供应商。詹姆斯啥都好,就是贪杯,见到酒什么都忘了,为此他丢掉了好几次升迁的机会。有一次,詹姆斯喝得烂醉倒在雪地里,差点没冻死,恰巧克罗拉经过发现了他,救了詹姆斯一命,于是两人成了好朋友。

"这次出航,收获不小吧?"克罗拉问。詹姆斯笑了笑,军队有纪律,不能说。这时,他的眼睛只是盯着酒柜上面的那瓶兰姆酒,克罗拉知道他的酒瘾又犯了,让人把酒拿了过来,大方地请了客。

别看詹姆斯好两杯,可酒量却不咋样,不一会,他便舌头发硬,大脑不受控制了,洋洋得意地把这次出航的事情全倒了出来:"老朋友,你知道吗,我这次出海，干……干掉了三艘德国人的潜艇，厉害吧？”

“真厉害！你是怎么做到的？”克罗拉惊讶地问。

“你听说过沙巴鱼吗？”克罗拉点点头。“沙巴鱼是英国海滩上的一种鱼，味道鲜美，这鱼平时埋在沙里不动，不容易发现，但它有吐泡的习惯，有经验的渔夫往往能借气泡找到沙巴鱼。我的驱逐舰上安装了新研制的吸气泡装置，这是专门对付潜艇发出的气泡的。这跟渔夫捕鱼的原理是一样的。”詹姆斯继续说，“德国潜艇不放气泡还好，驱逐舰的雷达只能探测到敌人大概的位置，一放气泡，反倒让装置顺着气泡找到潜艇准确的位置了，然后给对方致命一击。”喝得满脸通红的詹姆斯早就没有了戒备心，把秘密全说了出去。

克罗拉心里咯噔一声，难怪近来德国的潜艇损失数量急剧上升，原来英国人早就想到了对付气泡术的方法。“不行，得立刻通知总部。”望着烂醉成泥的詹姆斯，克罗拉露出了一丝不易察觉的冷笑。

克罗拉回到住处，确认自己安全后，从阁楼里搬出电台，把詹姆斯所说的情况报告给了德国。其实，克罗拉根本就不是什么供应商，他是德国派来的间谍。他接近詹姆斯是为了套取英国海军情报，上次会议的泄密也是克罗拉的杰作。

本来德国方面就对气泡术这种简单的战术有所怀疑了，收到了克罗拉的密电后，这下可以确定它已经过时了。第二天，所有的德国潜艇放弃了气泡术。

然而，放弃了气泡术的德国人日子并不好过，他们的潜艇损失的数量依然不断上升。这样折腾了半年后，德国发觉不对头，又重新使用了气泡术，但是潜艇被击沉的数量还是一天比一天多。这到底是怎么回事呀，难道是英国又发明了新式武器？不行，得赶快摸清情况，于是德国方面又命令克罗拉再次出马。

克罗拉接到命令后,感到犯了难,上哪去摸情况呢?詹姆斯出航快半年了,到现在还没消息。其他那些他认识的在海军服役的多半是些小喽啰,能提供的都是些没啥价值的情报。就在他为难之际,詹姆斯返航了,此时的詹姆斯已经晋升为海军中校,他满面春风地带着几个卫兵,找到了克罗拉。

“我是来道谢的,谢谢你帮了我大忙。”詹姆斯一见克罗拉便说。

“谢我?”克罗拉一头雾水,不明白詹姆斯要谢他什么。“告诉你吧。”詹姆斯说,“刚开始时,我们并未找到对付潜艇放气泡开溜的方法,为了争取宝贵的研制时间,英国海军召开了一个绝密会议,然后我故意泄露给你,从而让你们认为气泡术已过时了。为了让戏演得更逼真,我国派出了大量驱逐舰,满载潜水炸弹,四处寻找德国潜艇。一旦发现了潜艇踪迹,好几部驱逐舰便围上去,不管三七二十一,把潜水炸弹都投下去。这个法子虽笨,但却管用,在投放大量潜水炸弹后,总有一些倒霉的潜艇因此压破了外壳而被迫上浮,我们便抓住这些潜艇在报上大做文章,令你们上当了,于是你们放弃了气泡术。但这正中我们的下怀,我们趁机加紧研发气泡追踪装置。半年后,等你们感觉不对劲,再用气泡术时,我们已经找到了对付你们的方法了。”

听完詹姆斯的话,克罗拉脸色煞白,还以为是自己的诡计得逞,想不到却掉进了对方的圈套。但他不明白,詹姆斯是何时识破了他的身份的?

詹姆斯笑了,克罗拉以一个舰队食品供应商的身份出现时,英国情报部门就识破了他是一名间谍。于是詹姆斯将计就计,借醉接近克罗拉,再让克罗拉把假情报发出去,引德国人上钩。

“等战争结束了,我会考虑向海军总部给你申请一枚勋章的。”说完,詹姆斯大笑道。此时的克罗拉早已软成了一摊烂泥。

拯救一座城市的秘密武器

战争是残酷的，但人性却是善良的……

鲁斯德诺尔渴望有朝一日能成为一名音乐指挥家。但这梦想很快破灭，二战爆发后，他被迫加入了德国空军。凭着自己的聪明才智，他成了飞行好手。

一天，空军基地上校紧急召集鲁斯德诺尔及其队友，命他们立刻飞往苏联的列宁格勒执行一项绝密任务。

“可是，上校，咱们不是已经打到了列宁格勒了吗?”鲁斯德诺尔不解地问。此时希特勒动用四十个师的兵力，早已将列宁格勒围得如铁桶般。如今列宁格勒弹尽粮绝，并且不断有士兵开小差，败局已定，还犯得着动用飞机?

不，上校摇摇头，据最新情报传来的消息，苏联将从古比雪夫运来一件最新式的秘密武器，准备用到列宁格勒保卫战中。据悉这是一件威力巨大的武器，一旦投入使用，将会对列宁格勒保卫战起到极大的帮助，甚至会扭转整个战局!

“这种可怕的武器是什么?”有飞行员好奇地问。

上校皱眉摇了摇头:“没人知道。但德国情报机关已经掌握了苏联将用飞机运送武器以及运送的时间和飞行路线，大伙的任务便是不惜一切代价拦截它!”

第二天,天阴沉沉的,鲁斯德诺尔跟队友出发了。经过列宁格勒上空时,他们几乎没遇到任何阻拦——这座城市的防空系统早遭受德国空军的沉重打击,城里的弹药也消耗殆尽了。

鲁斯德诺尔已飞行了一个多小时了,怎么还不见目标,难道情报有误?看来这次会无功而返了。

“目标出现!”鲁斯德诺尔的耳机中传来了队友的呼叫声。果然,铅色的云层下出现了几个小黑点,那就是运载秘密武器的苏联飞机。鲁斯德诺尔全身的热血顿时沸腾起来。

队员们迅速抢占了制高点,然后像恶虎一样扑了上去。鲁斯德诺尔仔细观察了对方的阵形,“品”字形飞行纵队中有一架标号202的飞机引起了他的注意,它一直处在僚机的保护中。是它了！秘密武器就在这架飞机里！鲁斯德诺尔一扳操纵杠,猛地俯冲下去!

德苏战机的数量相当,双方在天空中展开了激战!

鲁斯德诺尔和202战斗机紧紧缠斗在一块,他很快发现,对方也是个飞行高手,纠缠了近20分钟,两人都使出了浑身解数,爬高、逼死角、甩横滚,双方打得你来我往,子弹在空中穿梭着,但都没能把对方逼到下风,鲁斯德诺尔心里明白:要不是自己驾驶的战斗机是当时最先进的机型,怕早就败下阵来了。终于,鲁斯德诺尔瞅到一个机会,紧紧咬住了202的机尾。

机枪瞄准了202的机身。只要鲁斯德诺尔一扣扳机,前面的飞机就会被炸成碎片,就在鲁斯德诺尔发炮的一瞬间,对方猛然关掉了发动机,飞机在空中卡了一下,就像是粘在空中。鲁斯德诺尔简直不敢相信自己的眼睛,苏联飞行员疯了！他手脚忙乱拼命将机头拉了起来,唰一声,飞机擦着202掠了过去。好险,要是撞上去,自己的飞机肯定会散架！苏联生产的东西虽然粗重,但都很结实。鲁斯德诺尔知道对方为了保护秘密武器,简直玩命了。要知道,飞机在空中关机后是很难再点火的,一旦点不着火,只有坠机了。

果然,202在空中翻着跟头,机头的螺旋桨不时转了一下又卡住了,看得出来,苏联飞行员正试图将飞机重新点火。飞机的旋转速度越来越快,就要进入失速状态了,这会儿离地面仅有几百米了,鲁斯德诺尔也不禁紧张起来,为这名英勇的飞行员惋惜。突然,202的螺旋桨动了一下,猛地转动起来,接着飞机一个横滚,几乎贴着地面硬拉了起来。好样的!鲁斯德诺尔暗叫起来。202调整好方向,不敢恋战,迅速钻进了厚厚的云层,向列宁格勒方向飞去。

鲁斯德诺尔被对方高超的技艺惊呆了,直到对方钻进云层,这才醒悟过来,任务还没完成呢。他忙加大油门追了上去。没多久,鲁斯德诺尔在云层中发现了对方,对方正好处在他的前下方。机不可失,鲁斯德诺尔将机头一拉,瞄准了对方的机身。就在这时,一个念头一闪而过,鲁斯德诺尔将航炮偏了一下,对准202尾部就是一梭子弹。鲁斯德诺尔可不是个嗜杀的家伙,每次空战,他总是想法子抢占有利位置,然后击伤对方飞机,逼飞行员跳伞逃生就是了,这样做既不用杀人又能保全自己。只要飞行员跳伞了,秘密武器就会随机爆炸,自己的任务也就完成了。

202拖着长长的浓烟坠了下去。然而令鲁斯德诺尔惊讶的是,飞行员并没有跳伞,而是拼命操控着摇摇摆摆的飞机,试图迫降在下面的荒野上。

202到底带的是件什么武器,令飞行员奋不顾身去保护它,甚至放弃跳伞逃生的机会?鲁斯德诺尔大为困惑,于是将机头一调,想跟上去探个究竟。

等鲁斯德诺尔降落在地面后,他看到202飞机已经着火了,正在猛烈燃烧着,距飞机几十米外的地方,苏联飞行员倒在地上,他的身边跌落了一只黑色厚重的大皮箱。不用说,那就是秘密武器。鲁斯德诺尔抑制住内心的激动,悄悄靠上前,确认对方已经断气了,他弯下腰去拾皮箱。

不好,一个黑影扑过来,没有防备的鲁斯德诺尔被重重压在地上,苏联飞行员只是诈死罢了,他跟鲁斯德诺尔展开了肉搏。这时鲁斯德诺尔看清了,对方也是个年轻的小伙子,个头跟他差不多,只是苏联飞行员的脸色非常苍白,身子显得很单薄。早听闻列宁格勒粮食供应很紧张,看来这事不假。没多久,鲁斯德诺尔就占据了上风,将对方重重压在身下,强有力的手死卡住了对方的脖子,苏联飞行员的双手在无力地抓挠着,眼看就要断气了。看着对方年轻的脸孔,鲁斯德诺尔一时心软下来,这也是一条鲜活的生命啊,将他掐昏就行了。就在他分神之际,对方抄起地上的一块石头,用力砸在了鲁斯德诺尔的额头上。鲁斯德诺尔两眼一黑,晕了过去。

也不知过了多长时间,鲁斯德诺尔醒来。"这是哪?"他挣扎着起来。身边的医生告诉他,这是德国战地医院,一队巡逻兵发现了昏倒的鲁斯德诺尔,把他救了回去。

"哎,秘密武器已经到手了,不想一时大意,到头来竟功亏一篑。"鲁斯德诺尔内心无比懊恼。想着想着,在消炎针水的作用下,他又昏昏睡去了。

鲁斯德诺尔再次醒来时,天已黑透,隆隆的枪炮声中隐隐夹着音乐声,音乐是从城里传来的。突然,德军阵地传来了排山倒海的爆炸声,整个大地也颤抖起来。"天哪,到底发生了什么事?"鲁斯德诺尔忙跑出了帐篷。没一会儿工夫,不断有伤员被抬了过来。这时一个指挥所的军官被抬了进来,他也受伤了。"快,向总部报告,我们遭到了苏联的沉重打击!"军官向身边的属下命令道。这时鲁斯德诺尔了解到,德军的火力一下子被压住了,连还手的机会都没有。德军的观察站、火炮阵地和指挥所都被对方端掉了。

列宁格勒早就弹尽粮绝,运输线也被掐断了,它哪来的弹药?鲁斯德诺尔纳闷了,难道,真是黑色皮箱中的秘密武器发挥了作用?如果是这样,那武器的威力真是太厉害了。

就从这天晚上开始,列宁格勒战役竟发生了奇迹般的逆转,尽管德军一度兵临城下,却始终无法攻陷这座十月革命摇篮的城市。德军每夺取一寸土地,都要付出极大的代价,德军的尸体堆满了列宁格勒的城郊。在长达900多天的战争中,列宁格勒依然屹立不倒,德军的伤亡人数却在不断增加。士兵私下流传着一种说法:列宁格勒从古比雪夫运来了一件神奇的武器,就是它扭转了战局!

此时,鲁斯德诺尔已回到了飞行基地,他听到这消息后,也惊讶得说不出话来。

二战终于以德国告败而结束了,鲁斯德诺尔回国继续自己的学业。在往后的日子里,一个谜团在他脑海始终挥之不去——那黑色皮箱中的武器究竟是什么?

随着时间的推移,鲁斯德诺尔已两鬓斑斑,他早已成了德国颇有名气的音乐指挥家。这天,他接到一封来自苏联的邀请信,请他参加在列宁格勒市市政音乐厅举行的大型音乐晚会,一同寄来的还有音乐会入场券和酒店住宿卡。列宁格勒,那不是自己战斗过的地方吗,鲁斯德诺尔早就想去看看了,苦于一直没时间。当下,他打定了主意赶到了苏联。到那里后,鲁斯德诺尔不由感叹:这座曾经被炮火摧残得千疮百孔的城市,如今又显现着勃勃生机。

鲁斯德诺尔安顿下来后,径直赶往音乐厅,音乐会就要开演了,今晚演奏的是一个大型的交响乐乐团。鲁斯德诺尔听着听着,就觉得自己在哪听过这些音乐,一时却又想不起来。

音乐会结束了,全场响起了雷鸣般的掌声。这时鲁斯德诺尔惊讶地发现,竟有许多上了年纪的听众在场,甚至还有坐在轮椅上的老人,曲终时,他们早已热泪盈眶了。

这时,一个白发苍苍的老人走过来:“您好,鲁斯德诺尔先生。”鲁斯德诺尔一头雾水。“你是谁?”“我叫华里维诺夫,你该认识我。”他这么一说,鲁斯德诺尔更是摸不着头脑,自己根本不认识他呀。

“就是我给你发的邀请信,我就是当年用石头把你砸昏的人。”鲁斯德诺尔明白了,他面前这位老人,就是当年运送绝密武器的飞行员。又见到了昔日的对手,鲁斯德诺尔百感交集,紧紧握住了对方的双手。

“谢谢你手下留情,要不我也无法在这见到你了。”华里维诺夫由衷说道。当年他运送武器,为了减轻负担,只携带了少量的弹药。华里维诺夫心里很清楚,凭鲁斯德诺尔高超的技术,完全可以击落自己,但自己的飞机只是尾部受了轻伤。还有,如果鲁斯德诺尔下手狠一点,他就被对方掐死了。鲁斯德诺尔笑了:“战争最终会过去了的,犯不着下毒手。”

“对了,”鲁斯德诺尔想起了什么,“华里维诺夫先生,能告诉我您当年运送的究竟是什么秘密武器吗?”

听到这,华里维诺夫哈哈大笑起来:“那件武器,你早就见识过啦。”这下鲁斯德诺尔困惑了,自己早就知道了那件武器?到底是什么啊?

“就是刚才演奏的《第七交响曲》啊。那天我运送的武器,就是《第七交响曲》的总谱。”华里维诺夫告诉对方。

交响乐竟是武器?

1942年,苏联的卫国战争进入了白热化阶段,列宁格勒陷入德军重重的包围中,希特勒甚至叫嚣要将列宁格勒从地球上抹去。这时列宁格勒已是一个孤城,饥饿和恐惧笼罩在每个人的身上,城中不断有人死于炮火和饥饿,更可怕的是,绝望的情绪就像瘟疫一样在人群中蔓延开来。列宁格勒前线总指挥戈尔诺夫心里明白,此时城里最需要的是士气,没有它,即使有足够的粮食弹药也无法战胜敌人。戈尔诺夫是个音乐爱好者,这时他突发奇想:既然苏联是一个热爱生活和音乐的国家,那何不公开演奏卫国乐曲《第七交响曲》来激励大家的士气?因为《第七交响曲》是在德国入侵苏联时诞生的，它是苏联最著名的音乐家肖斯塔科维奇谱写的一首激发斗志的交响乐。

这个想法一提出来，立刻得到了斯大林的同意。总谱远在古比雪夫，运送总谱的任务落到了一级飞行员华里维诺夫身上。

华里维诺夫拼死将总谱运了回来，当晚，在千疮百孔的列宁格勒市音乐厅里，由上百人组成的交响乐团演奏了《第七交响曲》，乐曲随着高音喇叭传遍了列宁格勒。就在濒临绝望的时刻，这首激昂高亢的进行曲，重新点燃了苏联人民心中的希望，激发了千百万人的爱国激情。市民含着热泪倾听着庄严的交响曲，“祖国万岁，列宁格勒万岁”的声音响彻了云霄。不管战士还是居民都拾起钢枪，重新投入保家卫国的战斗中。大家用身体组成了一道不可逾越的钢铁城墙，誓与列宁格勒共存亡，给来犯的德军一次又一次沉重的打击，在长达900多天的日子里，德军始终望“城”莫及。

听到这儿，鲁斯德诺尔惊讶得说不出话来，这时他想起了自己在音乐学院深造时，老师说过的一句话：“音乐可以舒缓压力，可以激昂斗志，有时候，甚至可以像枪炮一样怒吼。”当时，他对这话半信半疑，想不到这是真的。半晌，他点点头：“我相信音乐的力量，可是……”他还是不明白，为啥当时德军阵地全哑了呢？

华里维诺夫笑了，为了让音乐会不受干扰，苏联后方当时特意空运了30 000发大口径炮弹给列宁格勒，向德军的炮兵阵地、观察站和指挥所发动了猛烈的袭击。那一刻，德军都被打蒙了，因而没能向城里发射一颗炮弹。

“对了，你是怎么找到我的？”鲁斯德诺尔问道。华里维诺夫笑了：“当年，我把飞机抢过来了，飞机上有编号，因此很容易查到飞行员的名字，再说你现在已经是个家喻户晓的名人，要找到你并非难事。”

“其实，”鲁斯德诺尔顿了一下，“当时要知道那东西是乐谱，我绝不会跟你去抢夺，甚至还会把我的飞机让给你。”

这话一出,华里维诺夫怔住了。

“要知道,我也是音乐爱好者呀。再说,音乐可是全人类的瑰宝,我们有责任去保护她!”说完,鲁斯德诺尔笑了。

追踪王牌潜艇

一、邂逅美女

普里恩上校开着敞篷吉普车，洋洋得意地在市区兜风，两旁的人们不断向他致敬，他也不时点头回应着。突然砰的一声，普里恩暗叫不好，然而迟了，他的车撞倒了一位骑自行车的姑娘。

“您没事吧，小姐？”普里恩赶忙跳下车。

“没什么，是我自己不小心。”姑娘抬起头。普里恩一碰上对方的目光，立刻被吸引住了——这是一个非常漂亮的姑娘，特别是她那双蓝色的眼睛，就像山泉一样清澈迷人。

姑娘挣扎着想站起来，刚一用力，又带着痛苦的神情坐了下去，鲜血顺着她的膝盖流下来。“你受伤了！”不由分说，普里恩把姑娘抱到车上，开车驶往医院。

在医院，医生把刚拍的X光片拿给普里恩，告诉他姑娘没并无大碍，只是点皮外伤。普里恩想了想：“这样吧，你对姑娘说得住院观察几天，所有的费用记在我名下。”“这……”医生犯难了，“如今是战争年代，床位紧张。”普里恩一把揪住医生大褂，不满地吼道：“看清楚了，老子就是U-47潜艇的舰长普里恩上校，还有什么问题吗？”医生一听来人竟是普里恩上校，唯唯诺诺照办了。

普里恩是二战期间大名鼎鼎的U-47潜艇舰长，德国当时有三大王牌潜艇，U-47便是其中一艘。正是这位三十出头的普里恩，指挥U-47潜艇突破了防潜网，克服暗流，避开水雷，偷偷潜入英国海军基地斯卡帕湾，一举击沉了英国3万吨级的主力战列舰“皇家橡树”，然后毫发无损离开了。普里恩此举震惊了世界，他因此也成了希特勒面前的红人，德国的英雄人物，军队的榜样。由于普里恩具备高超的潜航能力和丰富的作战经验，多次攻击盟军船队立下显赫战功，而且曾有过被数艘英国驱逐舰追踪了两天两夜后，仍安全脱身的传奇纪录，他本人也获得了“不死的九头鸟”称号。在其影响下，德国潜艇肆无忌惮地攻击盟军的商船队伍。

普里恩喜欢漂亮的女人，就像猫喜欢腥一样。如今天上掉下个这么漂亮的姑娘，普里恩怎么肯让她溜走呢。他于是想法子把姑娘稳在医院，好借机接近对方。

打这时起，普里恩对姑娘大献殷勤。很快，他跟姑娘熟了，得知对方叫苏珊娜。苏珊娜也被风流倜傥的普里恩迷住了，没多久两人热恋起来。

半个月后，潜艇检修完毕，U-47全体成员又得出航了。这天夜里，普里恩把出航的事告诉了女朋友。“去哪？”苏珊娜问。迟疑了片刻，普里恩告诉了对方，自己将去冰岛附近执行公务。潜艇的作战非常机动，主要任务是攻击盟军的商船，切断对手的物资供应。就算再隐蔽，潜艇一旦发现船队上浮攻击时，一样会被盟军护航的驱逐舰上的雷达发现。这时引开驱逐舰，找到漏洞攻击船队，然后安全地撤离，这便是潜艇要干的活儿。在德国众多潜艇中，数普里恩的潜艇表现最出色，因此他没必要隐瞒出航地点。

“天哪，到这么冷的地方去，还不冻死！”苏珊娜惊讶地叫道。

普里恩笑了：“你这个小傻瓜，潜艇里有供暖设备，怎么会冷呢？我快出海了，送我一张相片吧，这样我就可以天天看着你了。”其实，普里恩不过是想拿相片在手下面前炫耀罢了。苏珊娜笑了，露出了一排洁白的牙齿："行呀，但我有个条件，你明天带我上U-47参观一下。"

"这……"普里恩显得有些为难。按规定，外人是禁止进入潜艇的，很多人对带着传奇色彩的U-47好奇不已，想进去一探究竟，都没能如愿。"你就答应人家嘛。"苏珊娜撒起娇来。"好吧，"经不起女友的软磨硬泡，普里恩同意了，"明天带你上去，不过这事可别说出去。"苏珊娜听他这么一说，脸上露出迷人的笑容。

当晚回到基地后，普里恩随即拿起电话拨了出去。电话是打给他一个在情报处工作的上校朋友的，一会儿上校回了电话，告诉普里恩，苏珊娜并没什么不妥，她是一个很普通的有着日耳曼民族血统的小学教师。放下电话，普里恩放心了。

二、赠送挂坠

第二天，苏珊娜如约来到了潜艇，不过她对潜艇似乎并不感兴趣，只想去普里恩的舱房。一进舰长室，苏珊娜立刻搂住了普里恩的脖子，给了他一个热吻："亲爱的，你看这是什么？"苏珊娜变法戏般掏出一个亮晶晶的挂坠，打开："这是我最喜欢的一张相片，送给你。"挂坠很漂亮，比一般的要大一些，挂在脖子上，太大了不方便，放在哪里好呢？普里恩一时也找不到合适的地方。"傻瓜，"苏珊娜笑了，她往四周看了看，然后小心在挂在床头，"这样，你每天一睁开眼，就能看到我了，我也能看到你了。"苏珊娜露出了得意的笑容。

这主意不错，普里恩也笑了。

"你归航后，我还会上来，看看相片有没有被你换成其他女人的。"苏珊娜半开玩笑道。普里恩被逗乐了，怎么会，像苏珊娜这样天仙般的姑娘，他一时还舍不得放手呢。

送走了苏珊娜后，普里恩想了想，马上找来了机修长马克雷斯，他战前曾是工厂的高级工程师，对机械和电子非常精通。马克雷斯拿着挂坠翻来覆去检查了很久，然后摇摇头："这只是一枚很普通的相片挂坠啊，并不是追踪器。"听他这样说，普里恩放心了，又把挂坠放了回去。

普里恩的运气不错，刚进入冰岛范围就接到其他潜艇传来的电报，说发现了一只英国的大型船队，少说也有五六十条商船。"太好了，又是一块肥肉！"普里恩兴奋无比，就算有驱逐舰护航，那么多商船，护航舰队是无法完全顾及的。

一进作战区域，普里恩便迫不及待伸起了潜望镜，只见黑压压的商船一字排开，正像乌龟一样缓慢地通过。看到这里，他全身的血液顿时沸腾不已。

U-47悄无声息滑了过去，瞄准器十字星对准了一条商船，只要鱼雷一出，眼前这条商船便会永远沉入冰冷的海底！

"发射鱼雷！"普里恩下令道。

突然，潜艇里警报声大作，是驱逐舰！普里恩扭转潜望镜，看到了一艘驱逐舰就贴在身边，他甚至清楚看到了舰首的"黑獾号"字样。"不好，紧急下沉！"普里恩抓起话筒吼起来。一排航炮落在潜艇身边，差点击中了U-47。潜艇带着急促的警报声，眨眼沉了下去。好险，普里恩擦了把汗。但他清楚危险还没过去，毕竟驱逐舰就是专门对付潜艇的，对方绝不会就此善罢甘休。果然，水里传来了沉闷的爆炸声，驱逐舰投放深水炸弹了。爆炸声音越来越近，已有士兵神色紧张地在胸前划着十字。

砰！潜艇里的人都被震倒在甲板上，一颗威力巨大的深水炸弹在U-47附近炸开了，潜艇耐压壳被震破，巨大的水压冲进了潜艇首舱，尾部的推进轴也被震坏了，正发出刺耳的嘎嘎声。"快，启动抽水机和吹压器排水，把漏洞给我堵上，加大马力，全速前进！"要换了别人，早就上浮投降了，但普里恩不会这样做。潜艇颤抖着往前冲去,推进轴几乎快要散架。“黑獾号”也迷惑了,不知道普里恩到底想干什么？它只好一路跟着U-47潜艇,不让对手从眼皮下溜走。

不一会儿,潜艇破裂的外壳被焊补好了,潜艇仍然带着尖锐的噪声拼命往前窜。“关闭发动机,进入滑行!”普里恩突然下令道。天啊,士兵都以为他疯了,高速行驶中突然关机,会对推进轴产生极大的损害。但军令如山,他们只好照做。当一声,潜艇卡了一下,接着借着惯性无声无息地滑行了很远,远远甩掉了“黑獾号”。

这招奏效了,驱逐舰的水听器顿时失去了目标,它像无头苍蝇兜了好几圈后,无奈地离开了。水听器相当于驱逐舰的耳朵,它能将收集到的声音放大,可以清晰地侦听到潜艇发动机声和士兵的谈话声,甚至是一枚硬币掉落在甲板上的声音。但潜艇关闭了发动机,保持了静默,水听器也就没辙了。

一会儿,U-47潜艇声呐员杜达克多听到了“黑獾号”离开的声音,他高兴地做了个驱逐舰离开的手势。看到这个手势,大家松了口气。

三、挂坠惹祸

潜艇轻轻摇摆起来,这是海洋暗流引起的。冰岛流域有一股寒流,跟大西洋的暖流交汇在一起,不时形成暗流。大伙紧紧抓牢了潜艇,生怕弄出丁点声音来。就在这时,杜达克多听到了驱逐舰回来的声音!

普里恩也困惑了,对方好像能感应到自己的位置似的。“黑獾号”稳稳当当停在普里恩头顶,打开了声呐雷达。由于U-47保持了静默,驱逐舰的水听器无法侦听到潜艇的声音,只能通过声呐反射来判断潜艇的位置。

大伙的心又提到了嗓子眼。只见普里恩笑了笑,朝杜达克多打了个手势。杜达克多点点头,赤着脚,轻轻地从这头走到那头,嘴里不时发出“啾啾”的叫声。这样折腾了几分钟后,驱逐舰离开了。显然,“黑獾号”被普里恩迷惑住了,声呐员发出的是鲸鱼的叫声,“黑獾号”以为自己探测到的是一头鲸鱼,只好失望地离开了。

好险。普里恩松了口气。

普里恩之所以能一次又一次躲过盟军的追踪,并非是运气好,而是他的海战经验丰富,而且U-47里有许多精英,如精通维修的马克雷斯,而声呐员杜达克多,他那惟妙惟肖的鲸鱼声音多次迷惑了对手,其他舰员也都有着自己的绝活,正因如此普里恩多次死里逃生。

这会儿潜艇又轻轻摇摆起来。“这该死的暗流!”普里恩暗骂道。就在同时,“黑獾号”似乎又觉察到什么,再次折了回来,杜达克多脸色苍白,他听到了英舰正气势汹汹冲过来,而且已经死死盯住了U-47,开始了第二轮的攻击。

潜艇内一片死静,普里恩能感到深水炸弹正由浅到深逐枚投放。砰的一声巨响,U-47潜艇就像被狂风卷起的落叶,猛抛了起来,普里恩被摔得鼻青脸肿的,但他顾不上疼痛了,高声喊道:“快,发射附加物!”发射附加物可是一种有效的诈死手段,把事先准备好的救生衣、软木块、机油等物品从鱼雷管射出去,这些东西浮到海面后,对手往往会以为潜艇已被击沉了。普里恩曾用这法子摆脱过对手的追踪。

附加物慢慢浮了上去,“黑獾号”停止了攻击,杜达克多听到了驱逐舰打捞物品的声音。英国海军有规定,凡击沉敌人的潜艇一定得打捞到该艇的漂浮物。又过了几分钟,“黑獾号”发动了马达,看来他们确信U-47已经被干掉了。普里恩露出了会心的笑容——这一次U-47又躲了过去。

然而,才高兴了两分钟,普里恩的笑容僵住了:已经离去的“黑獾号”竟又气呼呼转了回来,显然,它发现自己上当了。天哪,这到底是怎么回事?普里恩也是一头雾水。大伙屏住了呼吸,紧张地昂着头,仿佛在等待死神的判决。

砰！又一声巨响，爆炸的冲击波冲撞着潜艇，普里恩几乎站不稳，照这样下去，不用多久潜艇就会被撕成碎片，为啥自己想尽方法都没能甩脱对方，“黑獾号”就像长了眼睛一样，总能发现自己？

潜艇还在摇晃着。不好！普里恩突然想起了什么，他踉踉跄跄冲进了自己的睡房，苏珊娜留下的挂坠就在床头挂着，普里恩猛地伸出手，正想一把扯下来，轰一声，完了，普里恩绝望地喊道——那是潜艇龙骨折断的声音，随即冰冷的海水涌进来……

几天后，苏珊娜正在英国的情报总部接受颁奖。U-47是德国最难缠的潜艇之一，打掉它，也就打掉了敌人嚣张的气焰。英国海军通过挂坠令敌人无所遁形，但苏珊娜送给普里恩的只是一枚普通的挂坠，并没动过手脚，它又是如何让U-47暴露无遗的呢？

一旦进入冰岛区域，潜艇碰到暗流时，挂坠便会左右晃动轻轻撞击舰体，发出驱逐舰水听器能捕捉到的有规律的声音。就这样，英国利用一枚极其普通的挂坠，终于干掉了U-47这艘不可一世的王牌潜艇。在U-47沉没后的一个星期内，另两艘王牌潜艇U-99和U-100也相继被击沉，不知是英国运气好，还是U-47的沉没给德国带来了厄运。

“U-47是完蛋了，可惜了你那枚漂亮的挂坠。”苏珊娜的上司惋惜地说。

苏珊娜笑了：“那枚挂坠是我在地摊买的，根本值不了几个钱！”

暗夜轰炸

一、最不可能的轰炸

这一夜伦敦上空见不到月亮，也看不到一颗星星，市民们没有待在防空洞里。毕竟都晚上十点钟了，能见度这么低，就算德军想轰炸也炸不成了。

市民们回到家，开始接收伦敦广播电台的节目，今晚电台的节目推迟了半个小时，不一会儿，伦敦上空飘荡着贝多芬的《命运交响曲》。大伙纷纷放下手中的活计，守在收音机前听得如痴如醉。

突然，市民听到音乐声中还夹着嗡嗡的杂音，该不是电台出故障了吧，大伙竖起耳朵仔细听了听，不好——是飞机的声音！然而一切都迟了，德国轰炸机携带的炸弹呼啸着落下来，大地在颤抖，楼房在倒塌，到处是熊熊烈火，转眼间伦敦变成了人间地狱！

“怎么会这样?!”第二天，丘吉尔拍着桌子，怒火冲天地责问地区防卫司令克拉多。克拉多大气不敢出，他低声告诉首相：“按理在夜里轰炸，都得选月色明朗的夜晚，只有这样飞行员才不至于迷途。但这次德军一反常态，在能见度几乎等于零的天气出动，而且准确无误飞到了伦敦上空，只有一种可能，就是潜伏在英国的间谍为轰炸机提供了方位！”

“那好，你把这些可恶的间谍通通抓起来！不然，我撤你的职！”丘吉尔下令道。

克拉多夹着一身冷汗唯唯诺诺下去了。没几天工夫，克拉多就抓到了一堆潜伏在英国的间谍，见间谍落了网，伦敦市民恐慌的心理也渐渐平息了下来。

“这个傻瓜，也配当司令官啊！”哈德雷拿起了一份报纸，哈哈大笑道。哈德雷是德国第九轰炸中队的队长，这可是德国王牌机组，摸黑轰炸伦敦城，就是哈德雷带队干的。哈德雷拿着的是一份伦敦的《泰晤士报》，报纸上刊登了克拉多抓捕间谍的事，政府还一再声明市民不必恐慌，不仅间谍被揪出来了，而且英国还建立了长波段的雷达，只要德军飞机一出动，英国就会知道。

哈德雷眼泪都笑出来了，这家伙可真会蒙人，要知道，近期潜入英国的间谍不过10来个人，可报纸上却说抓获了50多名间谍，而且克拉多还厚颜无耻地说完全捣毁了德国潜伏在英国的间谍机构！要知道，哈德雷手上这份报就是德国间谍刚从英国弄来的，据他们回报，英国人虽然挨家挨户去搜间谍，可间谍也不是白痴，闹腾了几天，克拉多连间谍影子都没见着。哈德雷明白，这不过是克拉多为应付上头自欺欺人的做法罢了，因为克拉多至今都不明白伦敦会挨炸的真正原因。

这次空袭给伦敦造成了很大的损失，不少建筑物倒塌了，许多居民丧生于轰炸中，就连伦敦最高的建筑物——广播电台发射塔也遭到严重的破坏。没有了电台，市民的生活更加枯燥和单调了，而且也无法了解外界的情况，何况政府通知也要靠电台传达给市民，所以电台无论如何也得弄好。但重建一个电台谈何容易，很多设备都炸毁了。就在为难之际，盟军美国及时送来了所需要的设备，解了英国的燃眉之急。

很快，新的广播电台在伦敦附近的多佛建了起来。多佛是一个小城，这原先有一个小型的电台，而且多佛靠海，方便美国把器材送过来。

二、谁救了多佛

多佛电台建起来后,它的功率并不比原来的伦敦广播电台差,多佛电台不时地为市民播放各种节目。就在英国人为拥有了新电台而高兴时,谁也想不到,灾难正悄悄袭来。

周末到了,天空密布厚厚的云层,空气中弥漫着浓雾,能见度非常低,新建的多佛电台又为市民开播了。这样的天气并不适合轰炸,市民们便留在家中收听电台节目。又到了点播时刻了,这是大家最喜爱的一个节目。正当市民沉浸在音乐当中,哈德雷的第九中队正悄悄越过多佛尔海峡,像幽灵一样扑向多佛!

按理,轰炸一般都选在白天进行,即使要在晚上轰炸,也要选择月色明朗的天气,这样才能准确地飞到目标上空。因为在二战期间还没有无线电导航设备,飞行员要想弄清方位,必须利用肉眼观察实物判断位置,正因如此,英国人又一次麻痹了,认为德国人不会来了。

但执行任务的可是哈德雷,他曾带队在半小时内就把荷兰的阿姆斯特丹变成了废墟。哈雷德不仅飞行经验丰富,而且他凭靠德军刚研发的一件秘密武器,可以准确无误地在黑夜飞到目标上空。

"奇怪……"这时座舱一位领航员摘下耳机,自言自语道。"怎么啦?"哈德雷问。领航员告诉他,从基地出发后,机组已经偏离了目标好几次了,也不知怎么啦。

为什么德军能在漆黑的夜里进行准确轰炸,英国怎么都没想到,就是自己的电台惹的祸,把德军的轰炸机招引了过来。电台在发送节目的时候,强烈的电磁波也扩散到四周,德国研制了一种电台接收器,安装在飞机头部,当机头正对着电台方向时,它收到的电磁波最强,德军利用电磁波的强弱不断修正飞机方向,然后准确地飞到目标上空。

“放心吧,没事!”天气会对电磁波造成一定的影响,出现偏离是正常的,只要及时修正就是了。哈雷德满不在乎地说。果然,修正了方向后,机头接收到的电磁波越来越强烈了,再过几分钟,大家就会飞到目标上空把携带的炸弹全泄下去!哈德雷笑了,似乎看到下面火光冲天,浓烟和烈焰不断升起来。

突然,接收机传来一串杂乱的电流声后,便什么也听不到了。没有了电台的指引,飞机顿时失去了方向。“怎么啦?”哈德雷心里陡然一跳,接收员也是一头雾水:“难道是英国人知道了偷袭?不好!中计了!快掉头!”哈德雷抓起话筒惊叫道,下令立刻返回。

然而这一路回去并没受到任何阻拦,哈德雷平安无事地降落在法国空军基地(此时的法国已经沦陷)。

为啥电磁波会突然中断?难道是英国人发现了自己的偷袭?如果这样,干吗不派飞机来拦截?如果行踪没暴露,那又为啥眼看空袭就要成功,多佛电台却突然关闭了呢?这让哈德雷困惑不已。直到几天后,他才清楚发生了什么事。原来,那晚一个电台工作人员想起了死于空袭中的爱妻,心情郁闷,就多喝了两杯。后来,他不小心把酒洒在广播仪器上,造成仪器短路,差点引起火灾。为此,那个电台职员也被停职了。望着报纸上那个倒霉蛋的相片,哈德雷哭笑不得,想不到这无意中喝醉的人,竟挽救了多佛。要是克拉多知道真相后,不知还会不会处罚那职员?

“别担心,队长,咱们有的是机会。”这时一个队员走过来讨好道。据间谍最新的情报,过些天就是英国女王的生日了,多佛电台正在紧张地维修着,争取赶在那天实时转播女王的生日。

“对,到那时咱们也给女王送上一份‘大礼’,把多佛炸个稀巴烂!”哈德雷狞笑道。

三、送给女王的生日大礼

很快,女王的生日来临了,多佛电台也及时修好了。此时哈德雷正带队集结在基地,只要电台一开播,第九中队就会起飞,给女王送上一份"生日礼物"。这天晚上,云层很厚,能见度也不佳。哈德雷要的就是这种天气,漆黑的夜晚是他最好的掩护,就算英国的雷达发现了他们,在这样的黑夜也无法进行有效拦截。

果然,晚上九点整,多佛电台开始转播节目。清晰的电磁波穿过海峡,向四方扩散开来。此时哈德雷正顺着电波越过海峡,扑向多佛!

从越来越强烈的电磁波中,哈德雷知道已经接近目标了。"准备投弹!"哈德雷的声音充满了激动。突然,地面上射出了许多道雪亮的光柱,就像利剑刺向空中,地面不断射出照明弹,把黑夜照得如同白昼。第九中队完全暴露在灯光中,高射炮弹不断在轰炸机身边爆炸,不时有机组被击中,轰炸机带着烈焰一头栽了下去。"不好,多佛竟布置了高炮阵地!"哈德雷惊叫起来。事不宜迟,他一把按下了投弹按钮,飞机的高爆炸药全泄了下去!"就算跑不了,也要炸死下面的居民!"转眼间,地面引发了一连串的爆炸。就在这时,砰!哈德雷被猛地抛了起来。他跌得鼻青脸肿的——一发高射炮弹击中了他的座机。飞机顿时失去了平衡,一头冲向大地。容不得多想,哈德雷打开舱门跳了出去。降落伞打开了,他晃悠着落了下去,然而刚落地,哈德雷就呆住了,一群荷枪实弹的英国士兵早将黑洞洞的枪口对准了他,令哈德雷更加吃惊的是,他降落的地方竟是荒野,投下的炸弹只炸倒了一片片树林!不是已经飞到多佛城区上空了吗?

第二天,哈德雷正在看守所,一个人找到了他。"久闻大名,哈德雷先生,德国王牌轰炸机组队长。"来人正是英国地区防卫司令克拉多。

"想不到我一时大意,碰巧飞进了你的高炮阵地,这才让你击落了!"哈德雷不屑地说。克拉多笑了:“世上哪有这么巧的事?”克拉多早布下了埋伏,专等哈德雷往口袋里钻了。

克拉多早知道有间谍潜入英国,但这些间谍狡猾得很,要想将他们一网打尽可不是一件容易的事。当伦敦遭到空袭,英国情报机关只侦察到伦敦广播电台的电磁波外,再没检测到其他的,地面也没发现火堆等指引物。这时候,克拉多开始怀疑是电台引来了德国轰炸机。为了证实自己的推断,他在报上大做文章迷惑德国,并故意说在多佛安装了新电台。其实,那晚哈德雷他们接收到的电磁波,并不是多佛电台的,而是可以发出跟电台一样频率的发射机的,果然,发射机不断移动位置,哈德雷他们也跟着调整方向。当发射机关闭后,哈德雷就像没头苍蝇一样失去了目标。这一切都没能逃过雷达的眼睛。为不引起哈德雷的怀疑,克拉多又编了个电台职员失职的故事。

“不! 这不可能!”哈德雷跳起来。他明明听到间谍证实了多佛电台是存在的,而且的确是职员失职造成了电磁波突然中断。

克拉多笑了,手一招,命人带上一个垂头丧气的家伙。哈德雷怔住了,这人正是一早潜伏在英国的间谍头目唐夫伊洛。

既然是电台惹的祸,招来了德国人的轰炸,克拉多索性利用电台把哈德雷骗得团团转。这当然瞒不过唐夫伊洛的眼睛。第二天,唐夫伊洛便用携带的小型电台给德国发报。克拉多早命人安装了电台干扰和截听装置,德国方面根本无法接收到任何信息。而唐夫伊洛这一发报,自己的位置也就暴露无遗了。唐夫伊洛落马后,整个潜伏在英国的间谍网也被克拉多打掉了。哈德雷所接到的情报,全都是克拉多发出去的假消息,目的就是用电台将第九飞行大队引进口袋里,一举打掉了这个气焰嚣张的德国王牌轰炸机组。

“天哪,这该死的电台!”听到机组全完了,哈德雷像烂泥一样瘫了下去。

痛苦的抉择

皎洁的月光洒满大地,记者马丁望着眼前灯火通明的奥汀斯工厂,脸上露出了甜蜜的笑容。那是英国最大的内燃机厂,他的女友玛丽也在里面,一会儿她下班后马丁就会在月色下向玛丽求婚。

突然,天空传来了异样的声音——德国轰炸机!考文垂城市上空顿时响起了刺耳的警报声。

轰炸机发现了下面的工厂,马上投下了大量高爆炸弹。“不好!”马丁跳起来,发疯般冲向工厂,玛丽还在里头!眼看就到了,一颗炸弹爆炸了,气浪将马丁抛起来,他当下昏了过去。

马丁醒来,身边到处是忙碌的消防队队员和医护人员。这时,他才知道,他身处的城市遭受了空袭,无数居民丧生,大片工厂和民房被毁,破坏最严重的要数奥汀斯工厂了——厂房已成一片焦土。一具尸体被抬了出来,马丁顿时呆住了:那不是玛丽吗?他发疯似的冲上去,紧紧抱住全身冰冷的玛丽,痛哭不已。玛丽是伦敦人,在剑桥毕业后来到奥汀斯工厂任工程师,过些日子,她就会带马丁去见她在伦敦的亲人,如今两人却阴阳相隔了。

玛丽死后,马丁整个人变了,两眼充满了复仇的火焰。不久,英国陆军多了一名战士,这名战士打起仗来就像拼命三郎,他就是马丁。

由于马丁作战英勇,他被频频提拔,几年后已成一名陆军少校了。在一次战斗中,马丁身负重伤被送回英国疗伤,这期间他认识了一位叫詹姆斯的中校。詹姆斯供职于英国情报部门,在车祸中受了伤,两人成了好朋友。

出院后的一天晚上,月色不错,两人在一块喝酒。没喝两杯,詹姆斯就有了醉意,他望着皎洁的月色郁闷地说:“今晚的月色真好,就像当年轰炸考文垂的那天一样。”詹姆斯的话勾起了马丁内心的伤痛,他叹了一口气:“是啊,可惜我们无法事先得知德国人的动向,要不就能避免悲剧了。”

哪知马丁的话音刚落,詹姆斯两眼盯着他:“不,恰恰相反,我们一早就掌握了敌人的动向!”马丁心中咯噔一声,一再追问后,他渐渐明白了,当年德国轰炸考文垂,英国情报部门早就截获了密电,破译了整个轰炸计划。当时,詹姆斯担任情报小组组长,是他亲手将密电交到了查尔克手里,查尔克是英国本土战时总司令,负责英国本土的安全防御工作。但不知为啥,查尔克一直不以为然,并没作出相应的措施。

“不,这不是真的!”马丁简直不敢相信自己的耳朵。

詹姆斯无奈地摇摇头,也许是上头疏忽了,又或者司令部那帮家伙根本不相信德国佬会对考文垂下手,毕竟考文垂是一座历史悠久的名城,而且地处内陆。要知道,英国人的官僚主义可是出了名的呀。

马丁愤怒了,想不到玛丽竟是死于司令部的官僚主义。他要查明真相,但仅凭自己单枪匹马,要弄明真相并非易事,他于是把想法跟詹姆斯说了,请对方帮忙。

“过去的事就让它过去吧,求你了,就当我啥也没说。”詹姆斯一口拒绝了马丁,“这事别再提了,搞不好,我们两人的官职都得丢。”望着詹姆斯,马丁默默地离开了。他清楚胆小怕事的詹姆斯是绝不会提供半点线索的,一切只能靠自己了。

马丁利用自己的关系和职位便利,凭借自己做记者的经验,收集到了越来越多的资料。随着调查的深入,事实证明当年的确是司令部的疏忽,导致考文垂在没有半点防备时遭受了毁灭性打击！

得知这些，马丁的心在流血，不行！玛丽不能白白死去！考文垂市民的血不能白流！马丁决定将这个秘密公之于世，让玩忽职守的人受到应有的惩处！

想到这，马丁拿起了电话，找到了《伦敦时报》主编哈根。马丁做记者时跟他有过多次接触，他清楚哈根是个爱国、正直的人，相信对方一定会将这事揭露出来的。

几天后，马丁如约来到了哈根的办公室。当他将全部资料放到哈根面前时，哈根竟变得吞吞吐吐起来。马丁正想问个究竟，突然楼梯上传来了急促的脚步声，马丁回头一看，是詹姆斯！他已带着一帮荷枪实弹的士兵从楼梯往上冲。"这到底是怎么一回事？！"马丁一把揪住哈根的衣襟。哈根无奈地告诉他，两人的通话被窃听了，如今他们正要抓马丁！

马丁顿时明白了，这都是詹姆斯搞的鬼。士兵已经冲上来了，门被砸得砰砰作响，来不及多想，马丁一脚踹破玻璃窗，抱住户外的水管迅速爬了下去。哪知他双脚刚落地，两眼一黑，便啥都不知道了。

待马丁醒来，他已经被关到了一个狭小的单间里。他的头上起了个大包，怀里空空的，那些他收集的资料全不见了！只见詹姆斯就站在栏杆外："抱歉，朋友，只能委屈您待在黑鲨岛了。"他神情复杂地说。

"滚！你这条走狗！"马丁咆哮如雷，愤怒地摇晃着栏杆。詹姆斯走后，马丁悔恨得直打自己的脑袋："咋就瞎了眼，竟没看出他是卖友求荣的家伙！"

黑鲨岛是英国管理最严格的一个监狱，专门关押最危险的犯人和一级政治犯。监狱建在一个远离大陆的孤岛上，岛屿周围游弋着许多饥饿的鲨鱼，而且这里的水温非常低。自打监狱投用后，还没人从这里成功逃出去过。被送进监狱后，马丁几乎绝望了，不止一次想到了自杀，然而一想到玛丽,他还是咬牙坚持住了。在这痛苦的抉择中,他最终选择坚强地活下去,只要有一口气,他都要抗争到底!

哗啦——这天夜里马丁被吵醒了。他走近窗口一看,守卫正在把鲜肉投入海中。

有了!

第二天,狱卒送来了饭菜,马丁刚尝了一口汤,就吐了出来:“这汤淡得像白开水,叫人怎么喝啊,给我加盐!”狱卒疑惑地望了一眼马丁,还是往汤盆加了一勺盐。马丁又尝了尝,还是不满意,示意他再加。直到汤咸得发苦了,马丁这才满意地点头。狱卒摇着头离开了,他还没见过这么能吃咸的人。

望着守卫的身影,马丁迅速揭开被褥,将一些汤水倒在床上木板的钉子上,剩下的都灌到了窗户铁栏杆的凹槽里。为了不让鲨鱼离开,守卫每天都会在凌晨时喂鲨鱼,鲨鱼吃饱后那段时间是不会攻击人的,这是一个绝好的出逃机会!英国的天气常年有雾,空气潮湿,而铁条在浓盐汤的作用下早晚会腐蚀掉。

日子一天天过去,铁条也越来越细薄了。这天夜里起了浓雾,能见度非常低,已经吃饱了的鲨鱼懒洋洋地游弋着。机会来了,马丁抑制住内心的激动,用力一扒,铁条立刻折断了,他挟着床板避开守卫,轻轻潜入海水中。尽管探照灯不时扫过水面,但在浓雾的掩护下,没人发现马丁越狱了,就连海里的鲨鱼也对马丁视而不见。

冰冷刺骨的海水冻得马丁直发抖,他咬紧牙关向大陆游去。不知过了多久,就在他筋疲力尽的时候,终于发现了岸边渔村的灯光。马丁笑了,自己成功逃出来了!

然而,当马丁摇摇晃晃站起来时,几支黑洞洞的枪口对准了他,是卫兵!

“呵,马丁少校,犯不着这么辛苦游过来吧。”士兵嘲笑道。原来,詹姆斯刚好派士兵上岛屿去接马丁,这才发现他已经越狱了。听到这,马丁顿觉要晕过去。“天哪,事情怎么就这么巧啊！如果提前一天,我一定能成功越狱的!”

很快,马丁被送到了一个宽敞的办公室里,詹姆斯出来了,从身上的军衔能看出,这家伙已经爬到了上校的位置。“是到了杀人灭口的时候了吧?!”马丁盯着对方,不屑地说。詹姆斯苦笑了一下,掏出了一张签署令:“这是司令亲笔签署的。”马丁低头一看,是查尔克签署的赦免书,不仅赦免了马丁,还恢复了他的官职。

“你们终于敢认错了?!”马丁冷冷地说。

詹姆斯摇摇头:“在考文垂被炸这件事上,没人做错了。”“胡说!”马丁怒不可遏:“如果查尔克的亲人也在空袭中丧生了,恐怕就不会这么说了吧?”

詹姆斯一言不发,默默递过一个相框。马丁一看,愣住了,这不是玛丽吗,她穿着一身博士服,那是她在剑桥毕业时照的,玛丽偎依在一位慈祥的老人身边,老人正是查尔克。

“玛丽是查尔克的爱女,查尔克承受的痛苦不会比任何人少。”嗡的一声,马丁大脑一片空白。“为什么会这样的?”他喃喃地问。

“为了‘哑谜’。”

二战开始,德国装备了一种全新的“哑谜”密码机,它能产生近亿组密码,没有密钥根本就无法破译。所幸一位曾被迫参与研究“哑谜”的科学家偷偷逃到了英国,在其帮助下,英国终于研制出了破译的密钥机。凭借密钥机,英国破解了德军所有的密电,密钥机给盟军带来了无可估量的价值。英国和盟军利用破解的密电,让船队安全地避开德国的潜艇攻击;在非洲,由于先掌握了德军的动向,英国第八军团打得“沙漠之狐”隆美尔晕头转向。

1940年8月,希特勒为了征服英国,发动了大规模的空战计划。在这场生死存亡的战争中,破解的密电起到了挽救英国的作用。尽管英国空军弱得可怜，但掌握了先机，他们还是集中空军所有力量，及时占据有利时机，击溃了德国的进犯。大规模空战发生后没多久，又一条重要密电被英国破译了，它就是德国将对考文垂进行毁灭性的轰炸。

“为何这一次，上面没作出任何的反应？”马丁脱口问道。

“那是希特勒施放的一个诱饵。”詹姆斯心情沉痛地说。

“德国每次发的电报都经过了层层加密，而轰炸考文垂却一反常态，除电报内容加密外，对轰炸目标机群编队、路线都没加密，明摆着就是试探英国的反应。接二连三的失败，特别是8月大空战的失利，希特勒开始怀疑‘哑谜’密码已被破译。于是丧心病狂的希特勒想出了一条毒计来试探——轰炸考文垂！此时，摆在查尔克面前的只有两条路：一是保护考文垂，这等于告诉希特勒英国已掌握了密匙机；另一条是牺牲考文垂，保护密钥机。这是一个痛苦的抉择，经过反复权衡后，查尔克和当局终于做出了壮士断臂的艰难选择：放弃考文垂这座历史名城。考文垂蒙难后，希特勒确信密码是安全的，于是继续使用它，正是这套已经泄密的密码，不仅挽救了盟国更多的生命，加速了日耳曼帝国的灭亡，最终还将希特勒这位战争狂人送进了坟墓。”

“可……查尔克完全可以将玛丽偷偷接回伦敦啊。”马丁想不通。

“玛丽有生存的权利，那其他在轰炸中丧生的考文垂居民呢？”詹姆斯说。马丁哑口无言。何况潜入考文垂的德国间谍早就盯着玛丽了，如果她在关键时刻离开，必然会引起希特勒的怀疑。为了反法西斯战争的胜利，查尔克只好眼睁睁看着他至爱的亲人丧生于空袭中。这份痛苦，外人是无法体会的。

为了保密，詹姆斯只好采取了行动，将马丁软禁起来。如今二战结束，当局这才放马丁出来。

“谁能保证这些都是真的？”马丁摇摇头，还是不相信。

“我能保证!”一个沉稳的声音响起来,马丁回头一看,惊讶得说不出话来,来人正是查尔克。马丁曾在报纸上见过他的相片,尽管查尔克比以前苍老了许多,但他依然充满了坚毅的神色。“抱歉,孩子,我从一个会议赶来,来迟了。”查尔克说。

“该明白为啥把你抓起来了吧?当初就算告诉你真相,你又会相信吗?”詹姆斯走过来,拍拍马丁的肩膀。马丁羞愧地望了两人一眼,自己一时的冲动,差点坏了大局。他想了想,转身就走。

“去哪?”詹姆斯问。

“找哈根。”

几天后,《伦敦时报》头条登出一篇《殉难的城市》的报道,这个殉难的城市就是考文垂。文章揭秘了考文垂为人类和平而殉难的史实,还提到了一位伟人以及这位伟人在放弃考文垂时承受的外人所不知的痛苦。

气球也是武器

哈根是美国西部地区防卫司令部司令，近来被接连不断的山火弄得焦头烂额。这天又发生了一起林火，好在火势不大，很快就扑灭了。“这是怎么一回事?”他问身边的消防调查员。近来，山火频发明显不是自然行为了，然而调查员也是一头雾水：“按理森林在当前季节是不会自燃的呀。”

这时，一个森林防护员过来说，就在起火前他隐约听到了爆炸声。

间谍?！当时是1944年8月，日本和德国在战场上节节败退。“没准是他们派人干的。”哈根马上组织人手搜捕，然而忙活了好些天后，连间谍的影子也没见着，火灾还是不时发生，这让哈根困惑不已。

“报告司令，蒙特山区出事了！”正当哈根还在苦苦追查火灾频发原因的时候，蒙特山区小学师生去野餐时，发现有个篮子挂在树梢上，下面还拴了绳子，学生好奇地拉绳子时，数名师生当场被炸死了。

听到这消息，哈根马上赶往出事地点，只见现场一片凌乱，一块印有日文的纸片引起了他的注意，纸片也会爆炸？事不宜迟，他马上命人拿去化验。

“结果出来了没?”回到基地，哈根焦急地问下属。下属摇摇头。就在这时，基地响起了刺耳的警报声——有人入侵了领空！

哈根探头望了眼雷达，上面显示一个白点入侵了旧金山市区上空，从飞行物的速度和大小来看，显然不是飞机。哈根马上命人拦截，飞机靠上前，飞行物已经下降到了6 000米，那是一个巨大的氢气球，下面挂着吊篮，还安放了炸弹！击落它是小菜一碟，但下方是人口密集的市区，如果不打掉它，气球最终还是会落在市区爆炸。哈根听到这个情况后急得直跺脚，却又想不出好法子。“气球还在迅速降落。”飞行员光顾跟哈根通报情况，一不留神竟朝气球撞了上去，吓得飞行员手忙脚乱将机头拉起来，飞机擦着气球掠过去，想不到的事情发生了：飞机掀起的气流将气球带向了人烟稀少的郊区。轰的一声，篮子刚触地便引发了猛烈的爆炸。就在这时，化验结果出来了：白色纸片用辣椒长时间浸泡过后，可以代替橡胶制作氢气球。哈根明白了，频繁发生的山火和炸死师生的东西，就是日本人放的氢气球炸弹。

此后几天，越来越多的气球被海岸防卫队发现，他们甚至还捡到了失灵未爆的完整气球。原来，在万米高空有一股恒定的东去气流，日本人便借助这股气流搞炸弹袭击。他们在吊篮上装上沙袋，气球低于9 000米时，大气压力使固定沙袋的螺栓自动弹出，沙袋依次脱落，气球便又上升；当气球高于10 500米时，气囊中一个阀门则自动打开，排出部分氢气，把高度降下来，因此气球始终悬浮在气流层中。几天后定时器便排出氢气，让气球掉落到美国爆炸。

事不宜迟，哈根下令全力拦截飘来的气球，同时封锁了有关的报道，并召开了紧急会议。

“这好办，以其人之道还治其人之身，咱们也放气球去炸日本人！”一个少校建议道。哈根一见这人，眉头皱起来，他叫理查。理查贪杯，花钱大手大脚，哈根对这人一直没好感。

“能行吗？”哈根半信半疑。

理查得意地说，既然地球是圆的，而且气流恒定，只要在美国放的气球，最终也会飘到日本上空。理查这一说，在场的其他人纷纷赞同。

哈根听后沉思了片刻,点头同意了。

几天后,上百颗气球从美国升起来,缓缓消失在空中。气球放飞时理查也在场,他也为自己想出了这个点子而兴奋不已。唯一让他遗憾的是,放飞的气球太少了,可哈根坚持先放一小批试试看。

当晚,理查带着激动的心情驾车回到了郊区的家,他仔细察看了四周,确认无人跟踪后,从阁楼的墙中掏出了一部小型的发报机,开始发起报来。

"理查,戏演完了吧!"理查刚发完电报,一个声音响起来,是哈根,他带着一伙士兵冲了上来。

"没错,我是个间谍,但我可以告诉你,你放的气球根本到不了日本,只会落在英国人的头上爆炸!"理查顿了顿,"而且,我已经向日本报告了气球的事,不用几天,气球炸弹就会铺天盖地飞过来!就算你们封锁了报纸也没用。"

"你这卑鄙的叛徒!看看窗外吧。"哈根打断了他的话,指向窗外:"你发的情报永远也到不了日本。"理查呆住了,他看到树上有一个伪装了的仪器,那是电报干扰机。什么时候设在那里的?

哈根请教过气象专家了,如果美国也放气球,它只能飘过大西洋去炸盟友英国,哪怕气球做得再结实,几天后氢气都会渗透出来,那时刚好落在英国区域。正好气象台要收集数据,哈根于是放飞了一批气球,吊篮里面装的只是科学仪器。哈根一早就怀疑理查是间谍了,借机揪出了狐狸的尾巴。

"带走!"望着面如死灰的理查,哈根下令道。

"怎么还没有消息?"与此同时,太平洋彼岸,荒川秀俊内心充满了焦虑,正在扳着指头计算着。用气球做武器的诡计就是他想出来的,荒川秀俊是气象学博士,他没把专业知识用在造福人类上,反倒利用知识发明了气球炸弹去伤及无辜。

从1944年开始,美军B-29"超级空中堡垒"轰炸机对日本军事目标进行了轮番轰炸，日本军方恼怒万分，恨不得对美国进行报复打击，可他们没有远程轰炸机，而美国又占据绝对的制空和制海权，日本人只能眼巴巴看着挨炸。

就在这时，荒川秀俊向军方献上了一条妙计——利用恒定的东去气流运送气球，去炸美国人！

“太妙了！”日军大本营的草场将军听到荒川秀俊的计划，高兴得直拍大腿，再想不到对付美国人的法子，他草场的位子怕也坐不稳了。这个计划能够成功的话，不仅可以出口恶气，或许还能扭转日本被动的局面。

大本营很快批准了这个计划，并动员了全国的人力、物力，制作了上万只气球，陆续放飞到空中。

然而，几天过去了，一个星期、两个星期过去了，一切平静得很，日本没听到这方面的任何消息。荒川秀俊也不由着急起来。又过几天，草场也坐不住了，不满地找到了荒川秀俊：“博士，我们放这么多气球，难道它们没飘到美国吗？耗费了大量的精力，却无任何消息，如今全国上下都质疑气球做武器不靠谱！”这一问，荒川秀俊直冒汗，照理该有消息啦？“理论上是可行的，会不会是美国人封锁了消息？”荒川秀俊解释道。草场想了想：“也许吧。”

几天后，士兵找到荒川秀俊：“博士，放飞的气球爆炸了，草场将军让你马上过去！”太好了！荒川秀俊一听，高兴地蹦起来，三步并两步跑了过去。

“我就说嘛，用气球做武器一定好使！”荒川秀俊一进门就得意地嚷道。却见草场将军沉着脸：“你自己瞧吧！”草场将几份报纸摔在他面前，这是日本间谍搞到的美国报纸，荒川秀俊一看，顿时说不出话来，美国人捡到了好几个失灵的气球，借此在报上大做文章，强烈谴责了日本利用气球做炸弹。再往下看，荒川秀俊明白了，由于技术落后，篮子里的装置在高空低温环境下大都失灵了，炸弹成了摆设。也是，为了获取一手信息，荒川秀俊在每组放飞的气球中安置了发报机，但发报机在第二天就出故障了。突然，荒川秀俊发现了另一份报纸上的相片，如同抓到了救命的稻草："将军，这颗不是爆炸了吗?"哪知草场一听，鼻子都气歪了："没错，是爆炸了，可除了炸死了几只鸡外，你的武器还干了些什么!"原来，一只气球落到了农家的鸡场里，炸死了十几只鸡，据报道，这是气球炸弹给美国造成的唯一一次伤害。看着报纸上那位脸都气绿了的鸡场老板，荒川秀俊哭笑不得。他想了想："将军，这么说计划还是可行的，起码气球可以飞到美国去爆炸呀，我们还可以再造些气球。""够了!"草场吼起来。为了这个计划，日本动员了全国所有的人力和物力。氢气球体积直径宽达数十米，军方又得另建大型仓库存放气球，当时日本物资已经非常短缺，没有橡胶他们只好用桑皮纸代替，桑皮纸得用大量辣椒长时间浸泡，这样才不至于漏气，结果辣椒又成为日本最紧俏的物资。日本食物供应原本就紧张，民众每天吃的是清汤寡面，还好有辣椒当下饭菜，如今连辣椒都吃不上了，大伙能不埋怨？谁知放了近万只气球，仅有一只爆炸了，只炸到了几只鸡，代价也太大了。这事要是说出去，还不让人笑掉大牙!

"你那计划根本不管用，别再跟我提这破事!"说罢，草场怒气冲冲摔门而去。荒川秀俊垂头丧气回到了气象所，再不敢提这事，剩余的氢气球便静静待在仓库的角落。

没多久，战争结束了，日本无条件投降。国际法庭开始对日本战犯进行了审判，荒川秀俊也被指控为战犯。

"不，我没犯罪。"自己不过炸死了几只鸡而已，凭啥也要判刑？荒川秀俊大喊大叫道。"好吧，你自己看看吧。"这时一个人出来，把厚厚一沓相片摔到荒川秀俊面前，这些都是气球炸弹造成的山火，建筑物被毁，还有人员伤亡的罪证。出来的人正是哈根，他作为证人来到了东京。荒川秀俊怔住了，不是说气球并没能给美国带来伤害吗?

越来越多气球被发现，哈根敏锐地感到如果完全封锁消息，反倒会引起日本人的怀疑。于是他想到了一个法子，一方面严格封锁炸弹爆炸的事，另一方面利用媒体发布假消息，引日本人上钩，让他们认为这计划根本不奏效，从而断绝了他们继续放气球的念头。

听完哈根的话，荒川秀俊半晌说不出话来。他喃喃地说："我就知道这法子能行，如果当时了解到真相的话，我还会继续投放气球的。"

"是吗?！幸好你没这样做！"

荒川秀俊抬起头，困惑地望着哈根。

"如果这样，你就得一辈子待在监狱里了。"哈根鄙夷地说。

一滴油漆破潜艇

一、秘而不宣的妙计

英国军情特工组的组长哈里森这几天急得像热锅上的蚂蚁,上头命令他必须在一周内破坏德国在荷兰制造"狼级"潜艇的计划。为此,他连夜召开了紧急会议。

"狼级"潜艇是德国最新研制出来的新式潜艇,它比现役任何一艘潜艇都要先进,不仅航速快,而且在水下的攻击能力和隐蔽性更强。更让盟军头痛的是,该艇的艇长将由具有"冷血杀手"之称的德国中校斯勃德克担任。这人作战经验丰富,二战期间击沉过无数盟国的商船,然后毫发无损地全身而退。

"头儿,咱们可以用飞机把它炸掉呀!"下属提议。哈里森的头摇得像拨浪鼓:"这法子用过了,潜艇远在芬兰,派出的轰炸机不到半路就被德军打下来了。"

"要不派人潜入船坞,直接把潜艇炸掉得了。"有人接着说。哈里森依然摇头,他也曾用过这办法,但基地戒备森严,上次派出的特工不仅没能得手,反倒引起了德国人的警戒,现在的防卫比以前更加严密,只怕连苍蝇进去都得搜身,这法子不好使。

一时间,会议室鸦雀无声。

“就算把潜艇炸了,谁能担保敌人不会再建第二艘、第三艘这种潜艇?”坐在会议桌最边沿的一个年轻人说道。他叫迈克,是新调来的特工,才来没几天。

是呀,仅仅炸掉潜艇并不算完事,还得阻止敌人发展“狼级”潜艇的计划。可怎样才能做到这一点呢?哈里森也犯难了。

“哈里森上校,让我去吧,保证完成任务,不仅干掉潜艇,并且让德国佬死了这条心,主动放弃发展‘狼级’潜艇!”迈克接着说道。

哈里森盯着对方,半晌,他半信半疑地问道:“好,说吧,你需要多少帮手,什么武器,我都会尽量满足你。”哪知迈克笑着摇摇头,说:“啥都不用,只需一滴油漆便能完成任务。”

“一滴油漆?!”

在场的人都不敢相信自己的耳朵。“对!”迈克肯定地回答道。“能说说你的法子吗?”哈里森问。谁知迈克只是笑而不答。事到如今,既然谁都无法胜任这项任务,不如就让迈克试一下,哈里森想了想,同意了。

二、玄机就在一滴油漆里

几天后,乔装成德国人的迈克出现在基地。原来,他早就掌握了情况:德国建好潜艇后,正在当地招聘一些油漆匠给潜艇刷防锈漆,他就借此机会在荷兰地下组织的帮助下混了进去。

尽管有证件,迈克和所有招来的油漆匠一样,刚进入基地就受到了严密的盘查。他们被带到单间里,脱光了所有的衣服,士兵仔细检查了他们的身体,连头发也没放过,检查完后,迈克穿上基地早已准备好的无袋工作服,领到油漆后,仔细兑好,然后向船坞走去。

迈克一踏上船坞,就见一艘新式的潜艇正静静地停泊在那。迈克心里一阵狂喜:它跟盟军高空侦察机拍回来的潜艇一模一样,这就是德国最新研制出来的“狼级”潜艇!

“站住!”迈克抬脚正想进入黄色警戒线时,两名持枪的士兵拦住了他。然后提过一个水桶,将迈克手中的油漆倒入桶中,见无异样,随即将油漆桶抛到了一边,这才让迈克进入。

在此之前,哈里森一直计划用身体夹带或在油漆中藏炸弹的方式,让特工混入基地,伺机炸毁潜艇。但迈克不同意这样做,他早料到这法子行不通。

见迈克的油漆没异常,士兵摆摆手,让他进去了。

迈克抢先钻进了潜艇内部,提着油漆正想往尾部走去,一个声音叫住他:“喂,年轻人,过来!”一个德国军官冲他喝道,接着指着另一个长着络腮胡子的油漆匠,“你,负责油漆尾舱。”

迈克的心不由一沉,虽说他手中的油漆跟“络腮胡子”的油漆没啥两样,但他要没法进入尾舱的话,整个计划将会泡汤。

“你的身体小,挤进去把那些管子都漆了!干不好,小心老子揍你!”军官恶狠狠地骂道,然后走开了。原来德国军官见“络腮胡子”身子横,挤不进去漆里头的管子,便把迈克调来,把“络腮胡子”调到了尾舱。

该怎么办?迈克一边干活,一边用眼角瞄着“络腮胡子”,脑子飞转不停。如果对方先完成活计,事情就糟了。没多久,“络腮胡子”便满头大汗,他顶着个圆滚滚的大肚子,蹲下,试图去刷里面密密麻麻的管道,然而他个头太大了,一会儿便汗流浃背,难受不堪。

机会来了!

迈克见状,马上悄悄走过去:“老兄,你个头太大了,没法刷里面的部件,还是我来帮你吧。”那家伙一听正是求之不得,便高兴地跟迈克对换了。

迈克谨慎地观察了一下四周,情况一切正常,他低头小心辨认着,那不就是减压阀吗，他心情一阵激动，抽出刷子，准备动手脚。

“嘿，你在干吗，还不快点干活！误了工期，小心你的脑袋！”一个声音喝道，把迈克吓了一跳。不知什么时候进来一个德国士兵，他认定迈克想偷懒，正瞪眼监视着他。

迈克满脸堆笑忙开了，不时挪动身子油刷起管道来。士兵见状，慢慢放松了警惕，趁这工夫迈克身子一转，挡住了对方视线，将一大滴又浓又稠的油漆，准确无误地滴进了减压阀的缝隙里。任务完成，迈克又若无其事地干起剩下的活儿。

三、潜艇与“杀手”沉入海底

“事情办得咋样了？”迈克前脚刚踏进情报处，哈里森便迫不及待地问。“没问题，你就等着好戏上演吧。”迈克胸有成竹地答。

几天后，德国最新式的“狼级”潜艇在万众瞩目下，开始了其处女航。为了保证首航成功，担任舰长的正是“冷血杀手”中校斯勃德克，潜艇上还增加了许多经验丰富的技术人员，以便搜集各种资料和处理突发事件。

潜艇已经稳稳当当驶离港口几海里了，不仅进行了海面高速行驶，还用鱼雷准确地击中了靶船，搜集到的各种数据都令人满意。“全体人员注意，潜艇立即下潜！”斯勃德克中校检查了控制台，潜艇一切正常，他操起话筒下令道。阀门关上，进水舱门打开了，数百吨的海水涌了进来，潜艇快速沉了下去。就在这时，潜艇的红色警报灯突然叫个不停。

“发生了什么事?!”斯勃德克叫道。“报告中校，海水同时从鱼雷发射管涌进来了。”下属脸色煞白跑来报告。斯勃德克扫了一眼控制台，明明显示着鱼雷管阀门已经关闭，海水咋会从鱼雷发射管倒灌进来呢?

“快，关上鱼雷管阀门。”

“中校，阀门关不上了，它卡死了，我们正迅速沉入海底！”下属绝望地说。

天哪，斯勃德克瘫软在甲板上，海水已经涌进了潜艇内舱，就算是上帝也救不了他们了。

尽管德国动用了一切力量去抢救，但潜艇已经驶离得太远，早沉到深海区，具有德国战神之称的斯勃德克中校带着他的下属以及参加实验的技术人员近百人，都长眠在德国最新式的钢铁棺材里。由于打捞不了潜艇，德国人一直无法查明潜艇失事的真相。

这次出航，德国不仅损失了精锐战将斯勃德克中校，还葬送了船泊设计院几十名骨干技术员。原本就多疑的希特勒对“狼级”潜艇的可靠性产生了怀疑，终止了新式潜艇的研制和建造。

“你到底用了啥法术，让这艘潜艇成了有史以来下沉最快的潜艇？”事后，哈里森问迈克。迈克笑了：“其实也没啥，我就趁油漆管道时在减压阀里灌了一滴油漆罢了。油漆粘住阀门，减压阀关不上，海水直接灌到内舱，潜艇就只有下沉的份了。”

“既然这么简单的任务，为啥你不肯说出来，还要飞到荷兰亲自去执行？随便找一个荷兰地下组织的队员不就得了？”哈里森想不通。

迈克摇摇头：“这方法看似简单，但要操作起来却不容易。潜艇上光阀门就有数百个，而且大同小异，单单安装减压阀的部位就有排气阀、疏导阀等十几个阀门，稍不留神，就会弄错了。就算找到了减压阀，灌油漆的位置也有学问。灌到缝隙太左边的地方，减压阀打不开，控制台就会报警；要是太右边，阀门已经完全关上，海水就会被堵住进不来。只有油漆足够浓稠，恰好甩到了接近中间部位，这时阀门能动，但关到一半时就卡住了，海水悄悄从鱼雷管涌进来，而阀门是通过气动杠传导信息，具有一定滞后性，导致控制台无法及时发现情况，这才能让潜艇沉到海底。”

“原来如此！”哈里森佩服得直点头。

“可是,你咋会对潜艇情况了如指掌呢?”哈里森不明白。

“调进情报组之前,我可是个潜艇兵呀!”迈克憨厚地笑了。

“我要通报你的功劳,让上头嘉奖你!”哈里森兴奋地说。迈克摇摇头:“这事,还是别声张为好,说不定德国人以后还要请油漆工。”

“要是德国人再请你干活,他们就亏大了,非把裤子都当掉。”哈里森说,“一滴油漆就干掉一艘潜艇,要是把一桶油漆都用光,德国所有潜艇还不都沉到海底去了?”

这话一出,在场的人都笑了。

小间谍办大事

一

理克是名德国间谍,做梦都想立大功,干出番大事业来。但能力平平的他被招募进情报机关后,一直干着打杂的活。在理克多次要求后,上级勉强同意让他加入斯塔组建的情报小组,成为一名在美国活动的小间谍。听到这个消息,理克兴奋不已,斯塔可是德国出色的间谍头子,曾潜入北非获取了大量盟军的情报。

这天,上头命令他摸清美国"金枪鱼号"战列舰的情况。据说该舰装备了最新式的火炮,具备最先进的炮台缓冲技术。理克平日的身份是码头工人,只有他最容易接近港口。接到任务后,理克既兴奋又为难:"怎样才能收集到情报呢?"

他拉开窗帘,看到街对面站着一位穿着妖艳的女子,有了!

10月27日是美国海军节,经申请核查后,美国民众可以在那天登舰游玩,"金枪鱼号"也会对外开放。尽管理克有美国身份证,但那是伪造的,蒙大街的警察还行,一旦去海军部申请,那是自投罗网。

"嗨,玛丽娜。"理克走到街边,冲妖艳女子招呼道。

"先生,又来照顾我的生意?""不不,是这样的,我父母又在催我交女友了，否则就不再寄钱给我。”理克解释道，“我想请你扮我的女友，拍些相片寄回家，先蒙骗一下父母再说。我父亲是个军事迷，如果在海军节我们拍到游览军舰的相片，老头子一高兴，说不定出手会更加大方。”

“可你为什么不去申请呢？”玛丽娜不解地问。理克解释说自己的身份证丢了，还在补办中，没法申请。

接过了理克的钞票后，玛丽娜很快帮他申请到了通行证。10月27日，理克跟玛丽娜手挽手，俨然一对情侣进入了军港。他们面前就是最新式的战列舰“金枪鱼号”，理克内心激动不已，径直走了过去。“对不起，我是舰长布莱德，请出示证件！”一位高大的军官拦下了他们。理克忙把通行证递上去，布莱德仔细检查后，并没发现有任何不妥。

上舰以后，理克装模作样拍了几张观光照，趁人不注意悄悄溜到战列舰主战炮台边。到了那，理克不由倒抽一口气，虽说“金枪鱼号”排水量只有2万吨，但它的主战炮却大得惊人。见左右没人留意，理克爬到了炮台边，扒拉着炮口让玛丽娜帮忙拍照。

“这样不行吧？黄色警戒线内是禁止拍照的。”理克已经越过了黄线。“没事，就拍一张留念。”没办法，玛丽娜拍下了理克手抱着炮口的相片。

“混蛋，你们干吗？！”一声吼叫，吓得理克差点摔下来。布莱德带着士兵匆匆赶来，一把夺下了相机。“没看到禁止拍照吗？”布莱德指着炮台的告示牌吼道。理克拼命解释自己只是好奇，没留意到告示。布莱德望了眼理克，又望了眼玛丽娜，似乎觉得两人不可能是间谍，于是扯出了相机里面的胶卷，然后又拆下电池扔在甲板上：“马上离开我的战舰！再不走，我就把你们都抓起来。”理克偷偷看了一眼，只见电池滚到了甲板的一条缝隙里，正好卡到了里面，他的心暗笑不已。

二

第二天，理克提了袋汉堡包来到公园，西北角长椅上有位中年人在看报纸。观察了四周后，理查也坐了下去，将汉堡包放在身边，资料就在汉堡包内。

“头儿要的东西到手了。”理克低声说。

“很好，你的功劳我会向上头反映的。”中年男子说。听他这么一说，理克高兴地离开了。

尽管没能弄到相片，但理克还是收集到了战列舰的数据：那天登舰时，他特意穿了件格子的衬衣，他爬到主炮口两手一抱，用衬衣丈量到了火炮的口径。

理克的情报很有用，德国方面推算出了战列舰主炮口径至少在1 300毫米以上，它能发射重达上千公斤的穿甲弹，最大射程可达40公里，这么大口径的大炮产生的后坐力是可怕的。看来美国人已经掌握了最先进的炮台缓冲技术了。该战列舰吨位小，船体轻，它的航速快，行动灵活，就算是德国最先进的战列舰也不是“金枪鱼号”的对手。

得到情报后，上面命令理克密切留意该舰的动向。

过了半个月，“金枪鱼号”驶向蔚蓝的大海进行了实弹演习，情况正如德国分析的那样：这艘最新式的战舰不仅速度惊人，机动性灵活，而且弹无虚发，其穿甲弹射击精准地击中了距离40公里外的靶船，将靶船炸成了碎片。演习场面的相片很快刊登在国内各大报纸上。

就在演习后一个漆黑的夜晚，“金枪鱼号”带着护卫舰队消失在了茫茫大海。

然而，“金枪鱼号”并不知道，自己的行踪早已暴露无遗。此时，德国海军作战办公室正紧张地盯着雷达上的一个小光点，这个光点就是“金枪鱼号”的位置。

原来，当初被布莱德拆下来的电池是一枚定位器，它能以特定的波段向外发射高频电波，德国侦察机的雷达接收到信号后，可以很快定位出战列舰的位置，然后将位置发送给作战办公室。雷达显示，“金枪鱼号”正全速驶向大西洋北非方向，德国海军作战室顿时炸开了锅！

当时，美军跟德国在北非正打得不可开交，为了扭转战局，德国派出了几十条满载最新式武器的商船组成的“GN-23”船队，正浩浩荡荡驶向北非。“金枪鱼号”直指北非，它的目标极有可能是攻击船队。尽管德国船队有护航舰队，但德国战列舰最大射程仅有20公里，它们在有着强大火力的“金枪鱼号”号前面无异于螳臂当车。考虑再三，德国下令“GN-23”船队马上返航。

果然，雷达显示“金枪鱼号”战列舰直扑大西洋德国船队的必经之路，一番瞎忙活后，美军自然没有等到目标，只好沮丧地空手而回。

“金枪鱼号”所有船员都不知道，回航路上，万米高空一队满载弹药的德国轰炸机群已经从法国起飞(当时的法国已沦陷，被德国侵占了)。轰炸机群正是德国著名的第九轰炸中队，这个德国王牌中队曾在半小时内把英国首都伦敦变成了一片火海。领头的是队长哈里，它的目标就是美国的“金枪鱼号”战列舰，希特勒下令不惜一切代价，在“金枪鱼号”返航路上拦截它，并将它击沉在大西洋上。哈里盯着机舱雷达仪上的一个亮点，雷达显示他们越来越靠近目标了。突然，雷达出现一片雪花，信号消失了，好在飞机已经接近了目标所在区域。然而，哈里睁大眼睛寻找了两个小时，海面上除了一艘正在捕鱼的法国小渔船外，哪里有“金枪鱼号”的影子呀！难道是美国人发现了电池的秘密？眼看飞机燃油快要耗尽，第九轰炸中队只好失望而归。

三

“你设法靠近军港，调查美国人是否掌握了电池的秘密。”几天后，理克在公园跟上线接上了头，上线传达了斯塔的命令。

为了防止身份泄密，潜入美国的斯塔小组所有成员都不使用电台，只能用单线方法接头。理克每次接受任务，都是跟固定的上线接头，别的成员他一概不认识。这种方法可以最大限度保证安全，即使一名间谍被捕，只要咬死不供出上线，整个组织还是安全的。

通过一番努力，理克终于查明了原因：就在轰炸机接近的时候，甲板上的电路不慎失火，船员抽了大量的海水去扑火，以致甲板缝隙里的电池被泡了，无法向轰炸机发出信号，电路失火，战列舰匆忙返航维修，德国轰炸机这才跟丢了目标。还好电池是经过特殊处理的，水干后它还能正常工作，电池容量也是特制的，可以维持仪器半年不断电。

事情正如理克所料，半个月后维修完毕的“金枪鱼号”战列舰和它的战斗群在一个漆黑的夜晚又悄悄离开了港口，驶向大西洋执行任务。这一切依然没能逃过德国人的眼睛，德国侦察机很快又接到了信号，显然，美国人并没有发现战列舰被做了手脚。

此刻，哈里也紧张地注视着战列舰的去向，只要“金枪鱼号”一驶向海洋，他的机群就会倾巢而出把战列舰击沉在海底。

天公不作美，当天不时出现台风和阴雨，理克放置的追踪仪器受天气干扰，信号不是很稳定，白天经常找不到信号。不过，这正中哈里下怀，选择白天攻击轰炸机会处在舰队的炮火中，晚上在夜色掩护下飞机能更好地保全自己，打击目标。

这一夜，雷达显示，“金枪鱼号”进入了飞机攻击范围，第九轰炸中队紧急起飞。飞机雷达仪闪烁不停，报警器也狂叫不已，哈里投下了照明弹，海面被照得雪亮，“金枪鱼号”果然就在下面，它的身边围绕着不少护卫舰、驱逐舰。

“给我灭了它！”哈里狂叫道，一推操纵扛，轰炸机恶狼般扑了下去。“金枪鱼号”发现遇袭了，以最大航速行走着“Z”字形路线，竭力规避飞机的轰炸。尽管哈里作战经验丰富，他也不由暗暗吃惊：“金枪鱼号”的灵活性远远超出他的想象，他一连投下了好几颗炸弹都被“金枪鱼号”巧妙地躲过去了。

遇袭的美国舰队也不甘示弱，船上的探照灯把天空照射得如同白昼，防空机枪的火舌利剑般刺向空中，密集的炮火根本不容飞机靠近，激战中不断有德国的轰炸机被击落。尽管防空武器在空中织成一张严密的火网，哈里还是找到空隙。他一扳机头，轰炸机几乎呈90度俯冲而下，眼看就要撞上“金枪鱼号”的时候，哈里投下了一枚重磅炸弹，接着又猛拉机头，飞机擦着甲板又飞了起来，炸弹击中了目标，随着一声剧烈的爆炸声，美国最新式的战列舰“金枪鱼号”断成两截，终于沉入了大海。就在这时，哈克感觉似乎有些不对劲，但由不得他多想了，砰的一声，哈里的飞机也被击中了。

尽管损失了王牌飞行中队，但总算消灭了战列舰，理克受到上级嘉奖，斯塔开始对理克刮目相看。

这天，理克正沿着港口的铁丝网走着，在想如何混进去摸情况，突然草丛里探出一个人头来，竟是玛丽娜。“你干吗？”理克惊讶不已。

“还能干吗，做生意呗！”玛丽娜拍拍身上的枯草，从铁丝网破洞钻出来，说着扭着水蛇腰离开了。

“金枪鱼号？！”

它不是已经被击沉了吗？不由多想，理克钻进铁丝网。没错，前面那艘停泊在港口的正是“金枪鱼号”，难道它是另一艘孪生战列舰，不可能，情报说美国花费了巨资和数年时间，才研制出这么一艘新式战列舰，理克又仔细观察了一会儿，船锚旁边有半月牙形的撞击痕迹，上次参观战列舰时理克就记得有这个撞击痕。理克不由多想,偷拍了相片后跟上线接头了。

“天啊!”看到相片上线也惊呆了,这确实是被击沉了的“金枪鱼号”!“你的情报太重要了,我得马上向上面报告。”上线匆匆走了。理克兴奋不已,虽然自己是个小间谍,不也干了许多重要的大事吗?

四

当晚,理克还沉浸在兴奋中时,一群士兵破门而入。“你们要干吗,凭啥乱抓人?”

“戏演完该收场了,你这个间谍。”布莱德甩出一沓相片,正是理克偷拍战列舰以及跟上线接头的相片。原来,布莱德并非战列舰的舰长,而是美国情报机关的一名上校,他早就盯上理克了。

“没错,我是间谍,但你们甭想从我这掏出任何东西。”被关押着的理克仍是一副死猪不怕开水烫的样子,拒不合作。

“可你已经帮了我们大忙了。”布莱德笑了,命士兵带进一个高瘦的男子,但这人理克并不认识。“这个人你认识了吧?”布莱德又带进一个人,理克认出来了,他就是经常上德国报纸的第九轰炸中队队长哈里。

“他怎么也被抓起来了?”理克惊讶不已。

“这全是你的功劳!”布莱德大笑道,“还有那位高瘦的男子就是德国特工头子斯塔,也多亏了你的帮忙,这才抓到了斯塔。”

二战时,美国人提出了用小吨位战列舰安装大型主炮以提升作战能力的想法,吨位小可以提高机动性,巨炮可以提升打击能力,于是仓促中“金枪鱼号”战列舰面世了,事实证明这是一个失败的发明:由于主炮笨重,船只吨位小,导致舰身重心不稳,这一来不仅射击不准,而且主炮巨大的后坐力几乎将船身震碎。在首次秘密试射中,整个炮塔都被撕裂了。无奈,美国海军打算把“金枪鱼号”拆解,身处情报处的布莱德得知后,突然想到了一个一石三鸟的计划。

其一,当时德国一批最新式武器将由“GN-23”船队运送到北非,美国也不甘示弱向北非战区调拨新式武器,谁的补给先抵达谁就处在上风,但德国船队有强大的护航队护航,航线又靠近法国,船队还有驻守在法国的德国飞机支援,如果美国长途奔袭并无胜算。

其二,布莱德已经得知了间谍头子斯塔带着多名手下潜入美国,但这斯塔狡猾的像狐狸,想抓住他并破获整个间谍组织可不容易。

其三,盟军多次吃了德国第九轰炸中队的亏,早就想打掉这个中队了,但一直没能找到机会。

布莱德借海军节之机,将修复一新的“金枪鱼号”战列舰对外开放,并通过造势,将该战列舰吹得神乎其神,什么远程射击,什么炮台缓冲技术都是编出来的。

正如预料的那样,德国派出间谍来刺探了。当理查找到玛丽娜申请参观通行证时,玛丽娜便报告了美国情报部门。布莱德将计就计,盯上了理克,并故意让理克获取了战列舰的一些情报以放长线钓大鱼。理克离开后,布莱德就发现了电池是枚追踪器,他有意让德国掌握了“金枪鱼号”的行踪。至于随后的实弹演习,那是做给德国人看的,弹无虚发那是早在靶船上安置了烈性炸药,“金枪鱼号”发射的是空炮弹,演习区被封锁了,德国人派出的侦察机又在万米高空之上,他们拍到了演习场面却无法看清真相。于是,德国人相信了“金枪鱼号”的威力。当得知“金枪鱼号”的目标是“GN-23船队”时,一贯以保守著称的德国人心慌了,连忙撤回了船队,这为美国在北非战场赢得了时间。

而在德国第九轰炸中队追踪战列舰时,队长哈里怎么也想不到,“金枪鱼号”并没有驶向大西洋,而是追踪器被放到了一条挂法国国旗伪装过的渔船上,美国人不时关闭了追踪器的发射,这样做一是要证实追踪器是否真的能招引德国人，二是拦截地点过于靠近法国，地点对美军不利，美军真要派出舰队风险太大。

当一切准备就绪，“金枪鱼号”战列舰出场了，战列舰是假的，是艘刷了油漆的1:1的橡胶制品，上面安放了动力装置，这也是为什么它的机动性特别灵活的原因，在黑夜的激战中，谁会发现“金枪鱼号”是假的呢？第九轰炸中队中计了，在护卫舰队早已准备的防空武器招呼下纷纷中弹，不可一世的王牌轰炸机群彻底完蛋了。

哈里追踪“金枪鱼号”失利后，上峰命令理克去查明真相，理克定然会跟上线接头，而上线又会跟其上家接头，布莱德命人暗中分别监视，顺藤摸瓜，最后终于锁定了间谍头子斯塔，并将整个间谍组织一锅端。

“这不是真的。”得知真相的理克喃喃自语，“难道玛丽娜也是美国特工？”

“不，她只是个有良知的美国人，她虽然出卖肉体，却从不出卖灵魂。”布莱德说，“不过经过这件事，玛丽娜已经从良，不再以出卖肉体为生了。”

“你这混蛋！”突然，一旁垂头丧气的斯塔气得跺脚大骂，当初上级将理克安排到他的组织，斯塔并不同意，认为理克办不成大事，事情果然如此。

“不，你错了，”布莱德哈哈大笑道，“恰恰相反，理克帮我们办了大事。”正是理克的出场，这才逼退了“GN-23”船队，让美国占尽先机，接着消灭了第九轰炸中队，最后还破获了整个斯塔间谍组织，这全仗小间谍理克的功劳。

“你放心，等战争结束了，德国不给你颁奖章，我们美国一定会给你颁发一枚大奖章的！”布莱德笑呵呵地说道。

听到这话，理克大叫一声，晕了过去。

生蚝之战

一

今天是英国军情特工组组长哈里的生日，但他却开心不起来。因为他接到命令，上级命令他破坏德国在荷兰制造“海狼级”隐身潜艇的计划，但他一直没想到好法子。

“海狼级”潜艇是二战时期德国研制的新式潜艇，该潜艇航速快，隐蔽性强，潜艇全身覆盖着一层消声瓦，这种刻有细小波纹的消声瓦能吸收雷达波，从而实现隐身。

让盟军更头痛的是，潜艇艇长将由有“冷血杀手”之称的德国中校斯勃德担任。此人作战经验丰富，曾多次指挥潜艇单枪匹马闯入盟军商船队伍中，击沉商船，然后又凭借高超的潜航技术毫发无损全身而退。由于造价昂贵，德国仅仅研发出一艘“海狼级”潜艇。

“用飞机把它炸掉！”有下属提议。哈里直摇头：“潜艇远在芬兰，派出的轰炸机不到半路就被德国人打了下来。”

“潜入船坞把潜艇炸了。”有人接着说。哈里依然摇头：“这法子也用过，基地戒备森严，曾派出的特工不仅没能得手，反倒引起了敌人的警备，现在连苍蝇进去都得搜身。”

一时间，会议室静得难受。

“就算把潜艇炸了，谁能担保敌人不会建第二艘、第三艘这种潜艇？”诱人的香味扑鼻而来，一位端着托盘的年轻人进来说道。他是新调来的特工迈克，亲手烤了盘生蚝为哈里庆生。“让我去吧，保证完成任务，不仅干掉潜艇，还让德国佬主动放弃‘海狼级’潜艇！”迈克接着说道。

哈里半信半疑：“说吧，要什么武器和多少帮手？”迈克望了眼生蚝：“我就用生蚝做武器。”

“别扯淡，我们在说正事。”哈里皱起眉头。“我也是认真的！”迈克一脸正经，“先尝尝我的手艺再说，晚上一定交给您详细的计划。”听到这，哈里稍稍宽了心，闻到生蚝香味扑鼻，于是招呼大家尝生蚝。

迈克的手艺真不赖，生蚝烤得金灿灿的，上面撒了一层由大蒜、辣椒和罗勒草等说不上名字的配料，蚝肉鲜嫩肥美得无法形容。“天哪，这可是我吃过的最美味的生蚝呀。”有人喊道。

二

几天后，当队员还在回味生蚝的鲜美时，迈克已在荷兰雷纳瑟港口的一个小木屋前支起了烤炉。这是港口必经之路，迈克手艺不错，地段又好，生意杠杠的，每天前来品尝生蚝的士兵和工人可不少。

下游一公里处，隐约可见一艘黑色的潜艇停泊在港口，它就是“海狼级”潜艇。海港被铁丝网严实地围了起来，还接通了高压电。港口的水面昼夜有汽艇巡逻，水下设有防潜网。港口五步一岗十步一哨，四周满布防空武器，就算苍蝇也甭想混进去。

迈克拾起两枚生蚝轻轻敲了敲，仔细辨认后将其中一枚抛进了海里。“你在干吗？”一个下班的工人好奇地问，他是常客了。

“蚝死了就不鲜美了，死了的生蚝我都会扔掉。”说着，迈克又拣出几枚死了的生蚝扔了。工人听后买了一提烤生蚝离开了。

入夜,迈克的小木屋又热闹起来,士兵和工人们喝着浓郁的慕尼黑啤酒,嚼着鲜美的烤生蚝。“老板的手艺真不赖,要是我会这手艺,就把潜艇外壳的生蚝掰下来,自己烤来吃。”一个油漆工边喝着啤酒边说道。“得了,不过一些小生蚝,弄下来也没嚼头。”另一个码头工人接茬道。听到这些,迈克心里松了一口气,计划快成功了。

突然一辆吉普车闯到木屋前,车上跳下一位军官指着迈克命令道:“把他抓起来!”这位军官正是常来买迈克生蚝的那位工人,原来他竟是潜艇舰长斯勃德。

“你是间谍,是谁派你来的?”在港口审讯室,斯勃德瞪眼问迈克。

听到这,迈克努力装作一脸平静,矢口否认自己是间谍。“那你干吗在港口卖烧烤?”斯勃德又恶狠狠地问道。迈克一脸无奈地解释道:“我是荷兰人,原先靠养殖生蚝为生,后来德国占领了荷兰,征用了我的养殖场做驻地,我这才改行做起了烧烤。城里不让摆,我只好在港口摆卖,而且这里有许多士兵和工人经过,生意会不错。”

斯勃德脸色渐渐缓和了,早在迈克现身港口时,斯勃德就命人秘密调查过。据查迈克确实是荷兰人,斯勃德没发现他有异常行为,这时士兵回来了,他们翻遍了木屋,也没能找到半点迈克是间谍的证据。

“我也是为安全着想。”斯勃德拍拍迈克的肩膀,他也不希望能做出美味烤生蚝的迈克是间谍。斯勃德说着甩出几张钞票,让人抬来一大桶新鲜的生蚝,请迈克当场烘烤。“伙计们,这小伙子的生蚝真不错,今晚我请大家吃一顿,庆祝一下。”斯勃德吩咐道。

听他这么一说,迈克心里一乐,知道潜艇即将试航,而且德国最新式潜艇很快就会沉入海底了。

第二天,德国“海狼级”潜艇在万众瞩目下开始了处女航,舰长正是“冷血杀手”中校斯勃德。

三

潜艇稳稳当当驶离了港口几海里,进行了海面高速行驶,又用鱼雷准确地击中了靶船,搜集到的各种数据都令人满意。

下一步是测试潜艇的续航能力,潜艇驶向了大西洋。

“报告,发现英国的驱逐舰!”潜望员报告。斯勃德望了眼潜望镜,身后一条英国驱逐舰正悄悄跟上来,斯勃德甚至看到了舰首的“黑狐号”字样。驱逐舰是潜艇的克星,是专门对付潜艇的一种战斗舰。

“紧急下潜!”斯勃德下令道,潜艇迅速潜到水下。“黑狐号”还是紧紧咬在后头,潜艇在水下行走时,推进轴发出的噪音仍会被驱逐舰的声呐雷达捕捉到,不过斯勃德并不担心。

“全速前进——”斯勃德抓起话筒命令道。潜艇猛地向前狂奔,推进轴发出刺耳的吱吱声,突然潜艇关闭了所有的发动机,潜艇鱼儿一般悄无声息向前滑去,把驱逐舰甩在后头。驱逐舰顿时像没头的苍蝇,失去了目标四处乱转。此时潜艇已经保持了静默,驱逐舰发出的声呐雷达波即使探测到了潜艇,也会被潜艇表面的消声瓦吸收掉。

斯勃德打了个手势,让声呐员把潜艇的水听器音量拧大,果然不出所料,驱逐舰就在潜艇上方,正像瞎子一样乱撞。突然,水面传来哗哗的声音,斯勃德分辨得出来,这可不是投放深水炸弹的声音。不一会儿,水听器就传来咚咚的敲击声,有人在敲潜艇的外壳!斯勃德纳闷了:潜艇已下潜到一定深度了,人是绝对无法下潜到这个深度的。

这时,斯勃德又听到咯吱咯吱的咀嚼声,没等他反应过来,砰的一声巨响,斯勃德猛地被抛起来又重重摔下——深水炸弹,英国人已经侦听到了潜艇的位置,开始投放深水炸弹了。炸弹一个比一个猛,产生的巨大水压几乎将潜艇挤破了，再这样下去，潜艇迟早会完蛋。

“快，发射附加物！”斯勃德脑子一转，下令道。发射附加物是一种有效的诈死手段，把事先准备好的救生衣、软木块、机油等物品从鱼雷管射出去，这些东西浮到海面后，对手往往以为潜艇已被击沉。斯勃德曾数次用这法子摆脱了对手的追踪。

附加物浮上海面，斯勃德听到了驱逐舰打捞物品的声音。又过了几分钟，“黑狐号”驱逐舰发动了马达，看来，驱逐舰确信潜艇已经被干掉了。斯勃德露出了会心的笑容，这一次躲过去了。

哗哗——水面又传来投放物体的声音，接着斯勃德听到了咯吱的咀嚼声。驱逐舰再次折回来，深水炸弹雨点般毫不客气地又投了过来。显然，斯勃德的伎俩被识破了。

“发动推进轴，全速前进！”见行踪败露，斯勃德顾不了这么多，抓起话筒下令道。推进轴发出尖锐的声音，潜艇夺路狂奔，这样跑了几海里后，斯勃德又下令关闭发动机，全体成员进入静默状态。高速行驶中突然关闭发动机，会对推进轴产生极大的伤害。不过，由不得斯勃德选择了，只听见“当”的一声，发动机顿了一下。潜艇像鱼儿一样悄无声息地向前滑去，把驱逐舰远远甩在后头。这招奏效了，潜艇又甩掉了驱逐舰的雷达追踪。

通过水听器，斯勃德听到了驱逐舰在四处搜索目标，他不由在胸前划着十字，祈祷英国人发现不了自己。然而就在这时，他又一次听到恐怖的咀嚼声，那声音仿佛来自地狱一般。

上帝，这到底是怎么回事呀，要知道，潜艇已经下潜到250米处，这已经是二战期间潜艇最大潜深了。雨点般的深水炸弹再次不断地在潜艇周围爆炸——英国人又发动攻击了！

潜艇重新发动，拼命向前逃窜，但它始终无法摆脱驱逐舰的追踪。咔嚓一声，突然间斯勃德听到最可怕的声音——潜艇龙骨折断的声音，随即冰冷的海水涌进来。斯勃德知道，就算上帝也救不了他了。

“我舰被英国驱逐舰击沉，消声瓦技术失败。”斯勃德绝望地向基地发送了最后一条电报。

四

“计划圆满完成，这里少不了你的功劳。”军情特工组组长哈里高兴地拍着迈克的肩膀说道。

“说说你到底用了什么武器，弄沉了德国人的潜艇？”同事纷纷围上来想听一听，却见迈克变法戏般端出一盆生蚝：“我就是用生蚝呀！”

德国潜艇安装了最先进的消声瓦，要想用声呐追踪它，只有一个办法，那就是敲击潜艇外壳，发出驱逐舰能探测到的声音。迈克了解到，停泊“海狼级”潜艇的港口水流速度、水温温度适宜生蚝迅速生长。其实迈克拣出来扔进海里的生蚝并不是死的，而是一种叫芬兰扁底蚝的雌性生蚝，这种蚝只喜欢在钢板和坚硬的花岗石上生活。迈克的小木屋在上游地段，全是软弱的沙质地，没有坚硬的岩石，扁底蚝因此会顺水而下。当它们来到港口时，光洁、坚硬的潜艇外壳便成了它们理想的安身场所，生蚝在潜艇底部迅速繁殖。

当潜艇被英国驱逐舰咬住后，消声瓦确实帮助潜艇实现了隐身。但斯勃德并不知道，一出航，英国人便派侦察机咬住了他的行踪，接着派出“黑狐号”驱逐舰一路追踪着。锁定目标后驱逐舰马上投放了一批鹦鹉鱼，这种鱼以啃食小生蚝为生。它们嗅觉灵敏，能用咽喉齿嚼碎生蚝，吸食里面的蚝肉。鹦鹉鱼尤其喜欢扁底生蚝，经常咬断丝网进入养殖场偷吃生蚝。

德国潜艇下潜后，投放的鹦鹉鱼很快找到了附在潜艇外壳的生蚝，于是大快朵颐起来。咀嚼的声音被驱逐舰侦听到了，并定位出潜艇的方位。潜艇高速逃跑时，推进轴的声音逃不开雷达的追踪；而保持静默时，连续投放的鹦鹉鱼又让潜艇的方位暴露无遗。于是最先进的隐身潜艇无处藏身,最终被英国人击沉了。

紧接着,英国人在报纸上大做文章,说发明了最先进的探测技术,让德国隐身潜艇无处可逃。而德国并不清楚真相,以为是消声瓦技术失败了,最终放弃了大规模生产"海狼级"潜艇的决定。

"你是怎么想到用生蚝对付德国人的?"同事们问道。

迈克神情忧郁地望了眼窗外:"我是荷兰人,我和家人在美丽的海边靠养殖生蚝为生。自打德国入侵荷兰后,我美好的生活成了痛苦的回忆。"

"说点开心的事吧。"哈里手拿一条最新情报过来了:德国正在秘密研发一种新式潜艇。

"迈克,德国人喊你去烤生蚝。"哈里说道。

听到这,迈克开心地笑了。

敲山灭虎

一、抓了厨子

土匪头子黄天虎站在天龙山，得意地环顾四周。当年保安团悬赏一千大洋买他人头，始终没人能伤他一根毫毛；如今天龙城解放了，解放军也想抓他，但数次强攻天龙山，都没成功。

“想灭我，没门！”黄天虎骂道。

天龙山地势险要，四面是猿猴也犯愁的绝壁。最高峰就是蛤蟆台了，它形如蛤蟆，平坦开阔，站在这往下看，山景一览无余。山中有泉，黄天虎存了粮食，在山道口布下重兵，设了机关，而且机关的位置不时变换。这样一来，三年也甭想困死黄天虎。

“哪——哪——”一阵敲击声，打断黄天虎的思绪。黄天虎命手下张歪眼立刻去看看。

张歪眼回来了，拉来一个白白净净的年轻人。张歪眼发现他时，这人提着麻袋在山里东张西望，还不时拿棍子敲树干。经搜身，他身上只有一块光洋。

“干吗的你？！”黄天虎粗声喝问。

“俺叫富贵，上山抓蚂蚁的。”得知落入土匪手中，年轻人吓得直发抖，当场就尿了一裤子。黄天虎冷眼打量了他一下，狠狠说道："老子看你就是共军的探子，拉出去砍了！"

以前偶有山民误闯天龙山，大都是采药、打猎，哪听说有抓蚂蚁的？再说这人长得细皮嫩肉，咋看都不像个山民。

一听杀头，富贵脸色都变了，他哀求道："大王饶命，我真是上山抓蚂蚁的，县里的陈有财给俺一块光洋，让俺抓蚂蚁做给他菜，俺这才误闯了大王的宝地。"

"用蚂蚁做菜？"黄天虎一愣，制止了手下。富贵抹了把冷汗，一五一十道出，他曾是县城醉仙楼的头牌厨子，解放军进城后，没人吃喝，酒楼也就散了。那些吃惯嘴的地主老财，经不起馋，仍私下找他烧醉仙楼的招牌菜。

"好，带到厨房，要真像你说那样，饶你不死！"黄天虎下令道。

富贵在厨房找到了一块猪肘，一只老鸭，几根鲜笋，这些都是黄天虎他们抢来的。富贵抓起那把豁口的破菜刀，在石头上磨了又磨，然后用拇指刮了刮，神情顿时庄重起来。只见他双手飞舞，菜刀在砧板上闪着白光，刀过之处，不沾不滞；切丝细如发丝，切片薄如蝉翼，切条有形有致，切块有规有矩。不消片刻，该切的都切好了。黄天虎在边上远远地瞧着，提防着富贵使诈。

富贵此时的注意力全在烹调上，一阵忙活过后，几碟堆红叠翠、色香味俱全的菜就弄好了。

"这是'东坡肘子'，那是'寒鸦戏水'，还有一道是'白玉鲜笋'。"富贵一一介绍说，这些都是醉仙楼的招牌菜。

黄天虎望着喽啰端上来的菜肴，口水早已流出来，抓起筷子就想开吃。"慢！大当家，小心上当。"张歪眼制止了他。

"那，你先尝。"犹豫片刻，黄天虎命令富贵。

见富贵吃过了，黄天虎打消了顾虑，狼吞虎咽吃起来。"东坡肘子"烧得红白相间，外焦里嫩；“寒鸦戏水”是道上汤鸭子，老鸭子的肉纹粗，一般须三个时辰才能把肉炖好，但才半晌工夫，富贵就把这道菜做得浓香多汁、入口酥化；至于鲜笋更是满口生津，鲜美异常。

“看来还真是醉仙楼的手艺。”黄天虎暗自思量。

二、治了腿疾

“那蚂蚁呢？咋个吃法？”转眼几道菜给扫了个精光，黄天虎仍觉不过瘾，突然问道。

富贵朝四周望了望，目光落到了门外一棵香樟树上。树干周身缠着二指粗的青藤，富贵俯下身仔细看了看，青藤上有几个不起眼的孔眼，然后他拾起根棍子，小心翼翼敲打起了樟树干，发出“啷——啷——”的声音。

“别想耍花招，否则老子崩了你。”张歪眼拔出枪抵住了富贵的脑袋。

奇异的事情发生了！无数中指般大小，通体赤红的蚂蚁争先恐后从孔里钻出来，富贵轻轻一抖，蚂蚁纷纷掉进麻袋。收齐后，富贵将蚂蚁过水去掉臊味，投入滚热的油锅中，片刻迅速捞起，蚂蚁被炸得通体金黄，屋内顿时充满诱人的香味。富贵再打几只鸡蛋入盆中，轻轻搅动，然后将蚂蚁一个个洒在上头，入锅蒸有半炷香的工夫，端到黄天虎面前。鸡蛋的鲜嫩和赤蚁的香脆结合在一起，只怕龙肝凤涎的味道也不过如此，转眼这道菜也见了底。

“妈的，难怪陈有财花一个光洋让做这菜。”黄天虎感叹道。

“好吃是一回事，陈有财吃它主要是为了治病。”富贵道出实情。

“治病？”黄天虎好奇地问。

“香樟树有祛风的效果，青藤寄生于樟木，汲取了樟树精华，赤蚁又啃食青藤，这样一来，赤蚁就有了益气活血、祛风除湿的功效，尤其对风湿病有奇效。只要连续吃上一个月，保管再重的老寒腿都能治好。陈有财以前是行船的，患有严重的风湿病，这才让我抓蚂蚁的。”

“当真?”黄天虎半信半疑。一会儿工夫,他就感觉下肢发暖,似有千万只蚂蚁在双腿爬行。“妈的,你敢给老子下毒?!”黄天虎脸色一变,恶狠狠掏出手枪,一把揪住富贵。

富贵吓得直哆嗦,颤声说:“我的小命就在大人手里,哪敢下毒啊?”

没下毒,那我的脚咋会发热发痒的? 黄天虎阴着脸盯着富贵。

“这就对了! 腿发暖,好像有东西在爬,说明蚂蚁的功效开始起作用了,特别是风湿的人吃了后,反应更加明显。”说到这,富贵一愣:“难道,大王也有风湿病?”

黄天虎咧嘴笑了,一拍大腿:“从今天起,你就给老子做饭,天天抓蚂蚁去。只要治好我的腿,不仅放你下山,还赏你几根黄鱼(金条)。”

黄天虎爱吃美食,一次听说城里的醉仙楼开张了,生意火爆,他按捺不住,乔装打扮进了醉仙楼。本想一饱口福,哪知菜没上齐就被人认了出来,好在跑得快,没被闻讯赶来的保安团打成马蜂窝。他对此一直耿耿于怀,没想到今天醉仙楼的大厨竟自己送上门来了。

再者,山中水汽大,黄天虎落下了风湿的病根,双腿就像灌了铅,一到晚上可是又疼又酸,难以入睡。如今好了,他碰上了富贵。

“大当家,我总觉得这人是共军派来的,还是小心为妙……”张歪眼见富贵离开后,凑到黄天虎耳边说。

黄天虎不屑地笑了笑:“怕个球,一个小小的厨子,谅他也翻不了天。”

“我是怕他给您下毒啊!”张歪眼说道。

黄天虎摆摆手:“下得了吗? 每天派人给我盯着他,做好饭菜,让他先尝不就没事了?!”

就这样,富贵成了黄天虎的厨子。每天在张歪眼的“陪同”下翻山越岭抓蚂蚁,天龙山不时能听到长短不一的敲击声。蚂蚁抓回来后,富贵或油炸、或清蒸、或红烧,变着法子做给黄天虎吃。别说,黄天虎的疼痛真一天天减缓了，脚步轻盈了许多，晚上也能睡安稳觉了。

不觉过了半月，黄天虎已养得红光满面。这天吃过饭后他在蛤蟆台上晒太阳，富贵走到绝壁，眼神一喜："大王，您看！"

黄天虎过去一看，蛤蟆台绝壁下面有条小河，河滩上有只小黑点，再细看，是只甲鱼在晒太阳。"那可是大补的东西，跟蚂蚁同吃，能加快风湿骨痛的治愈呢。"富贵如是说。

黄天虎扭头命令张歪眼："去，把机关撤了，把那老鳖抓来。"张歪眼乐颠颠从山道下去了。当晚，黄天虎美餐了一顿。

自打吃了甲鱼后，一连数天，富贵回来后总是两手空空的。富贵苦着脸告诉黄天虎，天天抓蚂蚁，山上的蚂蚁快抓光了。

黄天虎沉下脸来，不行，自己还没过足瘾，风湿也没根治，就算挖地三尺，富贵也得把蚂蚁挖出来。

"那只能砍青藤养蚂蚁了。"富贵解释说，"开酒楼先得有充足的食源，其次才是手艺。为了保证食源，酒楼会自己饲养一些动物。蚂蚁也不例外，一样可以用人工养。"

"去，你就养蚂蚁让老子开开眼。"黄天虎一听来了兴趣。

半日工夫，在张歪眼的帮忙下，富贵汗流浃背拖回了大堆的青藤，还有樟木树干。他将青藤缠在樟木树干上，然后端来一碗颜色混浊的水，喷在上面，并撒上一层细黄土。

半夜，黄天虎起来撒尿，就见富贵站在那堆青藤前，正低头看着。借着火光，黄天虎一看也呆了：青藤上面挤满了密密麻麻的蚂蚁！

"你小子行呵，做菜有一手，想不到还有召唤蚂蚁的本事，这下不用再上山找蚂蚁了。"不行呵，富贵摇摇头，他引来的蚂蚁是种蚁，几天后才会产卵长出新蚁群，这几天还得上山去抓。

就在这时，张歪眼匆匆跑来："大当家，我们的眼线刚打听到，城里的共军今晚就开拔南下。”“真的?”张歪眼点点头。黄天虎略一思索:“好,明天派一批人下山,抢个痛快!”

三、破了机关

第二天,太阳升起来了,算算下山的土匪也该回来了。突然张歪眼惊慌失措跑来:“不好了,发现了共军,已经摸到半山了!”黄天虎不由多想,马上带人直奔山道口。

只见黑压压一片,少则几百人。黄天虎倒是不慌不忙,因为前面就是机关,一旦触动,檑木、毒箭便如雨点般飞泻而下,闯入机关的人非死即伤!

战士越来越近,拐个弯就是机关阵了,黄天虎屏住呼吸。

这时,山上传来了敲击声,那是富贵在山上抓蚂蚁呢。只见为首的打了个手势,队伍停了下来,他捡起块石头抛过去,石头刚落地,轰的一声,檑木从战士头上飞过去落入深谷。黄天虎看傻了眼,山道中埋有夹子,一旦触动就会引发机关,共军竟然用块石头就给破了。

“他们咋知道的?”按理下山的弟兄也该回山寨了,“难道……”黄天虎心一沉,明白了几分。

“你马上下去把机关全换了!”黄天虎命令张歪眼道。张歪眼很快重新布好了机关阵,刚弄完,剿匪的队伍已经逼近了。

“哪——哪——”山上又传来长短不一的敲击声。

“妈的,敲你个死人头呀?!”黄天虎暗骂一句,扭头再看又笑了:共军闯入刚布好的梅花针阵里!只要往前走几步,细如牛芒、淬有剧毒的钢针同时射出,狭窄的山道根本无从躲避。然而,却见领队折根树枝,往右边草堆一插,黄天虎傻了眼,机关就藏草堆里,树枝插下去,便能卡住发射装置。接下来,山道剩下的机关也被一一破解了,共军似乎长了透视眼,能看透机关的位置!

“快，所有弟兄赶往山口，给我死守住！”黄天虎急了。一旦那儿失守，天龙山就完蛋了。土匪仗着山势，轻重家伙一起上，飞蝗般的子弹打得沙石乱溅，压得下面的战士抬不起头来。激战了半天，剿匪队伍并未能往前推进多少米。

四、天了恶虎

敲击声又响起来，黄天虎竖起耳朵，声音是从蛤蟆台传来的。不好，他跳起来就往上跑。

冲上蛤蟆台，并不见富贵身影，倒是绝壁那边传来了动静，已有剿匪战士爬上来了。黄天虎举枪便射。砰！枪响了，黄天虎只觉得手一麻，手枪摔落在地，接着又是几枪，他身后的张歪眼等几名随从也被干掉了——富贵干的！没等其余的喽啰反应过来，就被攀岩而上的战士制服了。在两路队伍的上下夹击下，天龙山的土匪很快被剿灭了。

“如今败在你们手里，我也认了，只是想不通你们咋能破了机关的？”战斗结束后，黄天虎垂头丧气地问。

“站在蛤蟆台，能将山道的情况看得清清楚楚。”富贵说着，随手拾起根木棍，“我就是靠敲打木棍，发出情报，让队伍破了机关。”

“敲棍子发信号？”

“确切地说，应该是通过敲打声，给山下发出了摩斯密码。摩斯密码是一种军用密码，它是一种时通时断的信号代码，由长短不一的敲击声组成了不同的含义。我就用敲击码，发出只有我们才懂的信号。”富贵露出胜利的笑容。

解放军强攻数次后，意识到只能智取天龙山。强攻时抓到一个活口，从其口中得知黄天虎嘴馋好吃，而且还有严重的风湿病，于是让富贵潜入天龙山，接近黄天虎。摸清山里的情况后，富贵借抓蚂蚁的机会将情报及时送了出去。攻山时，他又将机关位置及时“敲”给了山下的同志，并发出了攀岩进攻信号，当然落草为寇的土匪是听不出其中玄机的。

“你们是咋上来的？后山可是刀削般的绝壁呀。”黄天虎不明白。富贵手一指：“还得谢谢你，派人帮我砍来青藤。”

黄天龙扭头一看，几乎气晕过去，地上哪里还有青藤的影子。

“砍青藤是为了做绳子，你以为真能养蚂蚁呀。”富贵只不过往青藤上喷了糖水，引来了蚂蚁，黄天虎就信以为真了。

“原来你不是醉仙楼的厨子？”黄天虎脸色煞白，喃喃地说。

“不，”富贵摇摇头，“我就是醉仙楼的大厨，只是看不惯地主老财鱼肉百姓、大吃大喝，后来投身了革命队伍。这次打入天龙山做卧底，我便成了最合适的人选。”

说完，富贵又敲起了木棍，声音刚停，山下传来了啷啷的回应声。

“知道这次敲的是啥意思吗？”富贵望了眼黄天虎，黄天虎茫然摇摇头。“我敲的是‘战斗结束，已擒恶虎’。”富贵一脸正义地说。

黄天虎一听，瘫软下去，这敲的哪是木头呵，分明是给他敲丧钟！

第二辑

诱人的秘密

第二辑

死亡谷

一

中国无偿援缅修建公路，指派工程师王进到缅甸进行先期勘探工作。

工作进展顺利，勘探队很快开进了坤甸山区。前面是条幽深的峡谷，穿越了峡谷便是援缅公路的终点秋田郡了。

进入山区，王进就感觉气氛不对。以往的村民一听说是中国援缅部队，都会热情相待，然而这里的村民却是冷漠得像冰一样。

安顿下来，王进带人往峡谷走去，突然被一群村民拦住，说啥也不让他们进入峡谷。为首的是村长苏杜刚，苏杜刚是最早迁移到坤甸山区的农民。这就怪了，农民得绕几天的山路，才能挑着作物到秋田郡去卖。要是路通了，只需半小时便可直达秋田郡，他们为啥要阻拦自己？

通过翻译，王进这才知道前面叫死亡谷。苏杜刚说，几百年前有一名巫师犯了事，为躲避抓捕她逃到了死亡谷，并困死在里面，据说临死前她发下毒咒：凡闯入峡谷的生灵将必死无疑！峡谷里面生长着一种叫魔鬼兰的植物，就是女巫的化身。之前误闯峡谷的村民，真的没有一人活着出来。

“简直是妖言惑众！”负责保护王进安全的卫兵队队长卡库是个缅甸人，见有人捣乱，他气得对天连放几枪，村民吓得全跑了。

王进才不信这些鬼话。自打来到缅甸，他的睡眠质量就很差，每天得靠吃安眠药才能入睡。此时，他只想完成勘探任务，好早点回国，于是他带着众人继续往前。前面就是峡谷了，山谷阴暗幽深，死静得怕人。

众人的走动声惊动了一只山羊，山羊慌不择路钻进峡谷。可是让人感到惊诧的是，它一进到里面便直晃脑袋，身体抽搐不已。更为诡异的是，它立即将头撞在岩石上死去了。众人正惊魂未定的时候，竟然看到峡谷里一株株长着宽大叶子的兰花竟慢慢蠕动起来，向山羊的尸体靠拢。这种兰花叶面覆盖着毛茸茸的绿毛，转眼山羊的尸体就被兰花团团圈住，乌黑的血水顺着叶片流下来。不一会儿，兰花又缓缓退下，可山羊的尸体却只剩一具白森森的骨架了！

"难道它就是魔鬼兰?!"有士兵惊叫道，大家这才发现，峡谷里到处是动物骨架，甚至还有人的骨架——他们应该就是以前误入死亡谷的村民。

"这世上根本没有鬼！"一位身材高大的士兵不屑地笑了，端枪冲了进去，然而刚靠近山羊，他便双手抱头表情痛苦地打起滚来，周身擦得鲜血直流。鲜血一流出来，魔鬼兰就从四周蔓延过来，用长长的兰叶卷住了士兵的手脚。

众人都看呆了，卡库忙端枪射击，尽管子弹击穿了魔鬼兰的叶子，但魔鬼兰仍不顾一切爬向士兵。见这样，卡库丢下枪去救那位士兵。然而刚进入山谷，身体壮得像头熊的卡库竟也脸色怪异、身体颤抖，抱头狂叫起来。

不好！王进见两人被困山谷，来不及多虑，抓起砍刀就冲进峡谷。尽管他也感到有稍微不适，但还是奋力劈断缠绕的兰叶，将士兵和卡库一一拖出死亡谷。

卡库和士兵已经昏迷过去，不大一会儿，两人身上的伤口处竟出现毛茸茸的黑斑，接着黏糊糊的黑色液体从他们的伤口渗出来。

魔鬼兰到底是什么东西呀？尽管王进走南闯北、见多识广，他还是困惑不已。王进突然想到勘探全程都有录像，于是找来录像仔细观看。

录像中，山羊和人都会不由自主发狂，撞击岩石，或者神智狂乱抱头打滚，一旦身体受伤流血了，魔鬼兰就会从四面八方包抄过来。再往下看，王进更加困惑了：为啥别人一进入峡谷便失去神智，而自己却不受干扰，难道女巫的毒咒只对当地人奏效吗？

第二天，卡库和士兵醒了，他们回忆说，一进入峡谷便觉得头痛欲裂，根本控制不了自己，迷乱中他只想用头撞地，似乎这样才好受一点，接着就昏过去了。

一连数天，两人的伤口总不见好，而且又痛又痒，每天要靠吃镇静剂才能入睡，军医用了许多消炎药和抗生素都无济于事。

“看吧，都说山谷是女巫的禁地，凡闯入者都会遭受惩罚，这下相信了吧？”看到有队员受伤，苏杜刚又带着村民在营地前不停嚷嚷。

这一嚷，大伙更是人心惶惶，勘探工作只能暂缓下来。尽管王进急得满嘴起了泡泡，但他也只能干着急。

就在这时，王进突然想到高中同学张国栋。张国栋大学学的是生物专业，后来迷上了探险，供职于国外一家电视台，专门拍摄在野生丛林冒险的节目，对野生植物有着非常深的研究。想到这，王进赶紧上网，给张国栋发了一封邮件。

次日，张国栋就给王进打来电话：“老同学，你说的植物叫蛇兰，是缅甸特有的物种。它们生长在潮湿阴暗的峡谷，根系非常发达，能像网一样蔓延到整个山谷。它们的根无法从土里吸收养分，而是靠腐化的尸体为生。叶面上的绿毛是一种寄生真菌，叫做绿毛菌，这种菌能迅速分解尸体。每当动物受伤流血后，蛇兰便能感知出来，并通过根系收缩蠕动到动物身上，然后通过寄生在叶面的绿毛菌分解尸体，从而获得养分……”

王进追问道：“有什么办法治疗那两个伤者吗？”张国栋说：“普通的抗生

素和消炎药都无法消灭绿毛菌，但是我们中国境内有一种叫狼毒的植物，正是这种真菌的克星。”

几天后，狼毒从中国运来了。王进按照张国栋教的方法给两名伤者用药后，他们的病情很快就好转了。狼毒能治病，那么对蛇兰会怎么样呢？想到这，王进冒险一人进入死亡谷，将狼毒粉末撒在蛇兰上面。果不其然，蛇兰痛苦地扭曲着，慢慢地枯萎死去。

就在这时，哗啦一声，从王进身后传来异响。王进扭头一看，山谷空荡荡的，没有一丝风，但路边的植物却晃动不已。王进突然感到心里一阵发毛，赶忙退了出去。

消灭了可怕的蛇兰，王进的心情舒坦多了，这一晚，他破天荒没吃安眠药竟睡着了，而且睡得特别香。

早上，王进被一阵嘈杂声弄醒了，一只猴子对桌上的药瓶产生了兴趣。它用瓶子敲着桌面。当地有许多猴子，经常跑到民宅捣乱。但由于猴子是受保护的动物，王进也拿它们没办法。

见王进醒来，猴子吓得把瓶子扔了，安定药片洒了满地。王进那个气呀，他跳下床就追，猴子慌不择路钻进死亡谷，一进死亡谷，猴子顿时狂躁不已，捂着脑袋满地打滚。

“活该！”王进狠狠地骂道，但看到快昏厥过去的猴子，他又于心不忍，毕竟那也是条生命呀！王进抬脚跑进去救猴子，突然他的心跳加速，脑袋炸裂般疼痛，两眼一黑晕了过去……

王进醒来时，发现自己躺在床上，原来他这次一进入峡谷也像卡库一样，痛苦地抱着头打起滚来，最后晕了过去。幸好，王进追赶猴子的时候惊动了卡库，他一路尾随追过来，才救出了王进。

王进顿时糊涂了：自己不是一直不受峡谷的干扰吗？这次是怎么一回事？还有，卡库从后面追过来，进入山谷后为何没有感到头晕欲裂？对于这个问题，卡库也是一头雾水，他挠挠头说：“我见您昏迷了，只顾着救人，没注意到我居然不头晕了！”

王进想了很久，忽然想到了什么，问卡库：“医生是不是给你吃过安眠药？”卡库点点头，说：“我受伤后，不吃镇静剂就睡不着。”王进顿时明白了几分，他抓起几颗安定吃下去，对卡库说：“走，我们再到峡谷去一趟。”果然，这次王进和卡库进入峡谷后，虽然也感到轻微的胸闷，却没有出现神志不清的症状。

这时，王进带来的仪器发出了刺耳的声音，越往峡谷里面走，仪器声音越大，显示出来的赫兹指数竟高得可怕！王进明白了，原来山谷是一个高磁场地带，一旦误入死亡谷，强大的电磁波会扰乱人和动物的脑电波，会令他们狂躁不安。因为王进一直服用安眠药，药片含有镇定成分，所以唯独他进入峡谷后神智正常。后来卡库进入山谷平安无事，也是吃了安眠药的缘故。

为了进一步证实自己的猜测，王进敲下峡谷两边山体的小块岩石，带了回去。

然而，检测结果却让王进大跌眼镜：岩石竟不带一点磁性！难道是特殊的地形造就了高磁场？就在这时，远处传来咔嚓一声，王进跟卡库探出头，只见一个黑影迅速向山谷跑去，眨眼就不见了。那会是谁呢？如果没服用安眠药，贸然进入山谷必遭不测。想到这，他和卡库连忙追上去。黑影见有人追来，不由加快了脚步。

天快黑了，山区光线又昏暗，根本无法看清那人是谁。“站住，再跑就开枪了！”卡库喝道。黑影吓得往一棵老树后一躲，然而等卡库和王进包抄过去，两人却傻眼了——黑影竟然凭空消失了！

找了半天，什么也没有。“卡库，会不会是你的士兵？”卡库摇摇头：“不可能，队伍有纪律，如果士兵要离开首先得向我报告。”

折腾了好一会儿，王进无比疲惫，吃过饭后倒头便睡。

“蛇！蛇！”半夜王进突然被惊叫声、枪声吵醒了。王进睁眼一看，竟发现一条剧毒的眼镜王蛇正在床头虎视眈眈盯着自己，随时准备发起攻击。

王进吓得冷汗直流，不敢轻举妄动。唰的一道寒光，一把匕首飞过来正中蛇头，眼镜蛇顿时瘫软下去。出手的是卡库，他也被惊醒了，见营地到处是蛇，他忙令士兵用枪扫射。卡库担心王进的安全，连忙赶过来，没想到正好救下了王进。

“营地不是喷洒了雄黄吗？”王进困惑地问。林区多蛇，为了防止毒蛇入屋伤人，营地里喷洒了大量的雄黄用以驱蛇。卡库一头雾水，他也弄不清楚，为啥会出现满营地的毒蛇。

自打来到死亡谷，诡异的事就接连发生，王进隐隐感到，要想破解秘密，只有深入山谷。于是，王进次日又带人来到山谷。令人惊讶的是，先前强烈的磁场竟消失了，仪器没有任何反应。难道死亡谷的磁场长腿了，自己会跑？就在这时，嗡的一声，仪器的指针猛地蹿起来——仪器爆表了，一股强大的电磁波突然迎面而来！尽管进入山谷的人都服用了镇静剂，可大家还是无法抵御强大的电磁波，纷纷抱头痛苦地打滚。王进试图让自己冷静下来，但同样感到呼吸困难，心跳加速。仪器发出的鬼叫般蜂鸣声也越来越尖锐，就像一把锯子在人的脑门上来回拉扯着。

砰！远处传来一声沉闷的声响，仪器突然停止了叫声，磁场消失了。一切恢复了平静，倒是山村那边传了惊叫声：“村长出事了！”

众人跑到村长家中，只见苏杜刚躺在地上，一只手被烧得焦黑，他已经触电身亡了。他身边有一条拇指粗的草绿色电缆。

王进扯动电缆，发现电缆半埋在土里，一直通向死亡山谷。而电缆的尽头，是一个缠着粗大线圈的简陋仪器——磁场发生器，死亡谷强磁场就是它发出来的。

当苏杜刚接通电流时，藏在死亡谷的磁场发生器便能产生强磁场，从而阻止工程队进入山谷,这也是为何磁场时有时无的原因。村长苏杜刚见工程队队员服用安眠药后,已经不受磁场影响,他就乱了手脚,试图加大仪器功率干扰工程队,没想到却意外触电而死。

“村长为什么要阻拦我们呢?”卡库一脸困惑。王进望了眼曲折幽深的山谷:“也许,秘密就在里面。”说罢,向山谷深处走去。

七转八转,山谷越来越狭窄,前面仅容一人通过。继续走下去,却一下就开朗起来——山谷后面竟是开阔的向阳地,一大片植物开得姹紫嫣红。谁都想不到,这里竟然会是罂粟种植地!

经过一番调查,王进终于明白了事情真相:村长苏杜刚偶然发现山谷后面是块绝佳的罂粟种植地,并发现山谷里长有蛇兰。为了防止种植的罂粟被人发现,他又散布了所谓的女巫毒咒。其实,山谷的蛇兰只是一种食腐植物,只要人不流血,蛇兰对人体是没有任何影响的。

为了不让外人进入山谷发现秘密,苏杜刚搞了套磁场发生器。一旦有人闯入,他便开启仪器。以前就有村民因误闯山谷受伤而死。如今工程队要开公路,这等于断了他的财路。于是,他首先利用自己在当地的地位,煽动村民去阻拦工程队,接着通过发射强磁场电波干扰勘探工作。至于被王进追赶消失在树后,那是他躲藏在事先挖好的树洞里,树洞是他为了装神弄鬼而特意挖的。后来他又弄来毒蛇恐吓队员,为了让毒蛇适应雄黄,他将蛇放在洒有雄黄粉的房间里喂养过一段时间,让蛇适应雄黄味道后,这才偷偷抛到营地里。只是苏杜刚没有想到机关算尽,反倒误了卿卿性命。

九个月后,一条平坦的大路穿过丛林,直通热闹的秋田郡。坤甸山区再也没有死亡谷,也没有万恶之花罂粟了。

诱人的秘密

斗蛐蛐要想战无不胜，首先得能找到将军蛐蛐。好蛐蛐不是块头大就好，太大的叫油葫芦，不是蛐蛐，压根儿没有斗争性。有一种判断方法是通过声音来判断：震翅有力，声音嘹亮。有时候，凭声音就能将对手唬住。制造声势，非大嗓门的蛐蛐莫属。

但是，战胜此类高度亢奋蛐蛐的往往是哑蛐蛐。哑蛐蛐一般体形瘦小，身手灵活，有一些震翅动作，却发不出声响。蛐蛐一般靠鸣音来求爱，可想而知，这样的哑蛐蛐求爱是求不到的，练了一辈子的童子功，憋着一股子牛劲，再加上灵活的身手，三下五除二干净利落地把对手击败，跳盆逃跑。

哑蛐蛐是珍品，难得。比哑蛐蛐更难得和更凶悍的是将军蛐蛐。此种蛐蛐发声，声音却低沉些，体色深，黑得发亮，它们常常和蜈蚣、蝎子处在同一洞穴。能碰到这样的蛐蛐是玩家梦寐以求的。将军蛐蛐临战时，一般只需一夹子，一甩头，就能将对手分解。它无须靠鸣叫来吓唬对手，也无须以灵活的身手寻找破绽，它是将军蛐蛐，往往一击致命，没有多余的动作。

这些天，刘二急得满嘴是泡。就因为他养的一只蛐蛐死了。别说，这蛐蛐真是值钱的宝贝，有人出价五千，刘二都没卖。刘二是个游手好闲的家伙，每天吃饱了就去地下赌场斗蛐蛐。自打弄到了这只蛐蛐后，可是斗一场胜一场，赢了不少。

好景不长,他这生财的宝贝碰到了克星。对手是只叫红牙的蛐蛐,几个回合就把刘二的那只扯成碎片,他只能眼睁睁看着红牙主人把赌金抱走。

这天又有几只蛐蛐败下阵来,红牙的主人看没人敢来叫阵了,抱起赌金就想走。“等等!”来人是个精瘦的家伙,刘二认得,是跟他一条胡同长大的邻居侯三。因为侯三穷,刘二自小就瞧不起他,两人极少有来往。

当侯三把蛐蛐放进盆里时,大伙哄地笑起来:这是一只跟他主人一样瘦弱的哑蛐蛐!再看它的对手,那可是一只紫红头、黄顶线,粗壮威猛,有着一口锋利老红牙的将军蛐蛐。就这口红牙,不知咬死了多少上来挑战的对手!正因如此,他的主人才给它起了“红牙”这个响亮的名字。

玩蛐蛐的人都清楚,哑蛐蛐就是不会唱歌的蟋蟀,体形小,一旦碰上将军蛐蛐,那它就是死定了,因为将军蛐蛐是蟋蟀里面最凶猛、最健壮的一种,拿哑蛐蛐去跟将军蛐蛐单挑,那是寿星公上吊——找死!“这小子穷疯了,竟想拿鸡蛋碰石头。”刘二笑了。

哑蛐蛐一见红牙,剧烈地擦着响翅,褐牙上下磨动,一副咬牙切齿的样子,好像红牙是它不共戴天的杀父仇人。待侯三拿草茎一戳,哑蛐蛐便毫无畏惧地冲了上去,只见红牙一甩头,立刻将它抛到了盆边,照以往,蛐蛐早就跳盆逃跑了,但这只却翻过身,摆正了姿势,双腿一跃,跳到了红牙背上,竟对着红牙又撕又咬!红牙就算身经百战,也从来没碰过这种招式,痛得它上蹿下跳的,却无法甩掉身上的对手。大伙傻了眼,怎么还有这种斗法?等大伙回过神来,红牙早没气了。

刘二也看呆了,自己玩了十几年的蛐蛐,还是头一回遇到这事。待他清醒过来,侯三已经走了很远。刘二急忙追上前截住侯三,侯三紧张起来,两眼盯着对方,紧紧抱着胸前的蛐盅,怀里还有报纸包着的刚赢来的钱。

“把你那只蛐蛐卖给我,价钱好说。”刘二说。

一说卖蛐蛐,侯三直摇头。

“五千……要不六千，行不……不行……那你给个价！”刘二不甘心。

侯三只是摇头：“这蛐蛐不能卖，你买去也没用。”

这算什么话？刘二要的就是这种凶悍能斗的角色。他懒得再磨嘴皮子，哗地掏出一沓钞票，少说有八千，往侯三怀里一塞，抢过蛐盅就跑。

侯三急了，喊道：“别，这蛐蛐你养不活的，它连五块钱也不值！”

刘二一听，你蒙谁呢，刚才六千你都不卖，八成是想趁我分神时再抢回去吧，于是一溜烟跑没了影。

回到家，无论刘二怎样伺候，那蛐蛐始终像失去了水分的花儿，蔫头耷脑的。第二天，刘二起来一看，差点没晕过去——蛐蛐死了。之前还没碰到过刘二养不活的蛐蛐呢，这只咋就不明不白死了呢？看到八千块钱打了水漂，刘二心痛得要命，正想找侯三算账，谁知侯三自己找上门来了：“我说你拿去也没用，如今信了吧？”说完，把钱退给了刘二，然后走了。望着侯三的背影，刘二心想这小子还算有良心，不过这蛐蛐死了，看你再拿什么去应战。

没多久，一个叫乌头的将军蛐蛐成了擂主，许多去叫阵的厉害角色都败下阵来。这时侯三又出现了，跟上次一样，又掏出一只哑蛐蛐，三下五除二，把乌头干掉了，轻松地抱走了赌金。

这一切，都被刘二看在眼里。凭他多年的经验，知道这绝非运气好那么简单，在自然界里，哑蛐蛐是不可能战胜将军蛐蛐的。这里面有玄机！别看这侯三平时不显山不露水的，看不出竟还是个调教蛐蛐的高手！

打定主意后，他决定上侯三家探个究竟。

侯三的家低矮潮湿，空气中弥漫着一股子霉味。要不是为了套出侯三的秘方，他才懒得上这里来呢。侯三正在收拾小件家什，为搬家做准备。这条胡同已被征收了，快要拆迁。一见侯三，刘二吼道：“侯三，你那蛐蛐是做了手脚的，这事蒙得了别人蒙不了我！”他想这么一吓，侯三怕了，定会把秘密抖出来。侯三一怔，随即笑了：“刘二哥您爱咋说就咋说吧，可大伙还不照样判我的蛐蛐赢!”“你不怕我把你这事抖出去?!”刘二威胁道。侯三满不在乎:“您就去抖吧,抖出来,也未必有人信。”这么一说,刘二反倒被呛住了。其实,刘二的名声并不好,就算抖出来也不会有人搭理他,何况他也抖不出什么来。

刘二眼珠子一转:硬来不行,我使软招。刘二满脸堆笑甩出一沓钞票:“兄弟,只要你教会了我你那一手,这钱归你!”侯三直摇头,就是不说。在刘二的胡搅蛮缠下,侯三最后被缠得没办法,便说:“这样吧,秘方我是不会说的了,你要去打擂时,我卖蛐蛐给你。”刘二一想,也中,虽然没套出什么来,可总比啥都没有强。

也怪,每次侯三卖的货色,都是清一色的哑蛐蛐,从不给别的。按理说吧,将军蛐蛐是哑蛐蛐的克星,可到了侯三那,事情都颠倒过来了,他弄来的每一只蛐蛐都像拼命三郎似的,一见对手,总会抱着同归于尽的决心冲上去,打得对方落荒而逃。要是打不过对手,就使阴招,跳到对方背上又撕又咬的,不干掉对方就誓不罢休。还有叫刘二琢磨不透的,就是侯三的蛐蛐只能用一次,斗完了,没多久就断了气。你说这餐具有一次性的,还没听说过蛐蛐有一次性的。不过还好,靠着侯三的货,刘二还是赚了不少。

侯三肯卖蛐蛐了,可刘二不满足,毕竟买的价格也不低,他总想把秘方偷过来。刘二便成天有事没事就往侯三家跑,跟人家套近乎。这天一大早,刘二又上侯三家,远远就看见侯三从家里出来,鬼鬼祟祟的,他悄悄跟了上去。

侯三来到了城墙边,这里经常聚三教九流、五花八门的人物,有闲着没事打牌的老头,有补鞋的,还有小贩。侯三谨慎地往四周看了看,确认没有熟人后,掏出一百块钱,跟一个挎着提包的中年人买了一盒什么东西,迅速塞进兜里,匆匆离开了。刘二把这一切看在眼里。

刘二走向那中年人,想问个究竟。那人冲刘二神秘地笑笑:“要不要来点什么?”刘二心想这里面卖的该是蛐蛐吧,便指指那人的包:“看看。”中年人不怀好意地笑了,然后扯开了拉链,里面花花绿绿的,全是成人用的物品。中年人抽出其中一个蓝色的盒子,递给刘二:“这个好使!效果蛮好的。刚才那个瘦个子的年轻人就买了一盒。”刘二一看:“我呸!真是倒霉!一大早的,看到别人买这种见不得人的东西!”原来,侯三买的是一盒壮阳用的药。其实,这药刘二也经常用,只不过他都在药店买,不知道这里也卖,还更便宜。每当他吃过药,待药性上来后,那可是斗志昂扬。不过,一旦药力消失了,整个人就跟被打断了脊梁骨的癞皮狗似的,瘫那半天不得动弹。刘二知道这药毒,后患无穷,但他已经到了非用不可的地步了。都说男人有钱就变坏,如今侯三靠着蛐蛐弄到了几个钱,就瞎折腾。嘿嘿,用吧,用吧……

上门摸底、跟踪没有结果不算,叫刘二更气的还在后头。没多久,侯三找到他:“刘二哥,这些日子你也挣了不少了,收手吧。时间长了,陷进去就不好了。”刘二不同意,不过侯三却不再给他蛐蛐,自己也没再上赌场了。刘二当然不干,成天缠着侯三不放,最后侯三没法子,不知在哪倒腾了一只乌黑发亮的将军蛐蛐送给刘二——这可不是以前那些一次性的。刘二虽不满,却也没办法,看到侯三对他没有用处了,索性跟他断了来往。

不久,刘二就出事了。赌场被公安端了个正着,刘二也被抓了,一查,还是个常客呢,被送去劳动教养。

这天,侯三来看刘二。面对侯三,刘二百感交集,惭愧地说:“兄弟,我当初要是听你一句,也不至于落到这地步。”侯三叹了一口气,却没说什么。“只怪自己太贪心了,当时甚至还想偷偷把你的秘方弄到手。”刘二感慨地说。

“这我都知道。”侯三平静地说。

刘二瞪大了眼睛:“你是怎么知道的?”

“咱俩自小就在一条胡同里长大,以前从不见你上我家,如今却三天两头往我这跑;还有,你跟踪我到树下,为的是啥,还不是为那秘方。”侯三顿了顿,又说:“至于秘方,你早就看过了。”一听这话,刘二懵了:“早看过,我怎么没印象?”

侯三从兜里掏出一个蓝色的盒子,刘二定睛一看,“我就给蛐蛐喂这个。”侯三说。

刘二万万没想到,这就是秘方!这玩意自己吃多了,每次吃后战斗力大增,怎么就没想到还可以喂蛐蛐吃。

“说穿了,斗蛐蛐就是变相赌博,迟早得出事。我也是迫不得已,老屋子要拆了,自己手头的钱又不够买回迁房,只好动起这心思。我琢磨着这蛐蛐能不能吃点药,一试,还真成了。”侯三说。

刘二不信:“蛐蛐吃了怎么也会有效果?”

侯三说:“公鸡为啥好斗?还不就是它体内的雄性激素高的缘故?自然界里的动物公的往往比母的好斗,多半是它的雄性激素高造成的,这药的成分不就是雄性激素吗?”

刘二还是有点不明白:“为什么每次只用哑蛐蛐,而不用别的?”

侯三笑道:“你也知道,蛐蛐是靠歌声求爱的,哑蛐蛐不会唱歌,也就求不了爱,那它的真气就不会泄。你想,练了一辈子的童子功,憋着一股子牛劲,又给药一催,不等于火上添油吗?一身的火没地方去,还不都泄对方身上。这种蛐蛐身形小,灵活,本来就善斗,再加上药力,把拼命的劲都拿出来了,能不赢吗?不过斗完了,它的真气耗尽,也就养不活了。”

原来如此,当初自己怎么就没想到呢?不过刘二知道也没用了,赌场被端了,他还是乖乖地劳动改造吧。

皇宫里的戏中戏

成化十七年(1481年)的一个晚上,明宪宗皇帝正在埋头查阅官员们送上来的奏折。他翻看着折子,眉头渐渐皱起来,这里头大多是指责特务机构——西厂专权、滥杀无辜的折子。后来,宪宗看不下去了,索性靠着龙椅闭目养神。

"皇上,太后有请,让您去后廷看戏。"一个小太监跑过来禀报说。一听有戏看,宪宗立马来了精神,连折子也懒得看了,把面前的东西一推,看戏去了。

赶到后廷,太后跟万贵妃已经早在那了,行过礼数后,戏开演了。今晚的主角是阿丑,他原本是个小太监,人长得眉清目秀,聪明伶俐。这宪宗皇帝平时也没啥爱好,就喜欢戏曲。为此,他专门在皇宫里养了个戏班,没事就听戏班唱戏。他见阿丑是块演戏的料,于是把他调到戏班。阿丑果然没让宪宗失望,没多久便成了皇宫戏班的顶梁柱。因此,宪宗挺喜欢阿丑的,没少给他赏钱。

随着鼓声响起,戏台上出现了一个醉汉,他喝得满面通红,东倒西歪,嘴里还骂个不停,不用说,这个醉汉当然是阿丑扮的。这时,一个小太监模样的人慌慌张张跑过来,向他禀报说:"不好,太后来了!"阿丑好像没听到似的,依然大声骂人;不一会儿,另一个太监模样的人也跑到阿丑身边,跪在地上说:“皇上驾到!”然而,阿丑仍然不予理睬。这时,小太监突然发现了什么,低声喊道:“汪公公来了。”阿丑顿时呆住了,吓得脸色煞白,酒也醒了,连滚带爬找了个狗洞钻了进去,全然忘了撅起的屁股还留在外头。一会儿,四周静下去了,小太监困惑地问:“你阿丑连太后和皇帝都不怕,怎么就害怕汪直汪公公这个太监了呢?”阿丑东张西望了一会儿,确定附近没别的人,这才小声说:“你不知道,这个汪公公挺厉害的,他控制着整个西厂,抓人、杀人全凭他一句话!朝廷的大官都怕他,如果落到他手里,我阿丑的小命还在吗?”说完,便落荒而逃。

阿丑滑稽的表演逗得宪宗和太后笑得直不起腰来了,唯独万贵妃拉长着脸坐在那,一声不吭。

阿丑卸去演出行头,回到他的住所已经夜深了,他心里乐滋滋的,看来今晚的戏很成功,没准明天又能得到皇帝的封赏。

“阿丑,戏演得不错嘛,今晚我就让你来个假戏真做!”一个阴森森的声音在耳边响起,阿丑抬头一看,顿时吓得面色如纸,竟是西厂的头子汪直汪公公!汪直沉着脸,手一招,他的贴身太监张顺和刘胡立刻凶神恶煞地跳出来,扯着一条白绫扑向阿丑。“勒死他!”汪直恶狠狠地从牙缝里挤出几个字。还没等阿丑反应过来,白绫已缠到了阿丑脖子上。尽管阿丑拼命挣扎,但怎么是高大的张顺、刘胡的对手呢……不一会儿,阿丑便口吐白沫,直翻白眼,转眼没了动静,看到阿丑断气了,汪直心满意足离开了,留下张顺、刘胡两人处理后事。“哼,敢跟老子作对,看你是活腻了。”汪直心里骂道,走远了。

说起汪直这人,是当年朝廷出征时,被抓到宫里的一个小孩,他是如何一步步爬到了西厂特务头子这个位高权重的位置的呢?汪直被抓进宫里净身后,做了太监,因“为人便黠”,善于花言巧语、阿谀奉承,渐渐引起了宪宗皇帝的好感,于是宪宗将此人调到自己身边。宪宗皇帝一生只宠爱万贵妃一人。汪直看准了这点，想方设法去讨好万贵妃，后来他通过这条捷径青云直上，一直做到了西厂的提督（西厂最高领导人）的位置。汪直这人确实有一定的才能，开始也为宪宗做了许多事。在他的管理下，西厂迅速壮大，人数、规模都远超过了东厂。随着权力的极度膨胀，汪直开始露出了其豺狼本性，利用手中的特权大肆迫害朝中与他对立的官员，还动辄对二品以下的官员抄家灭门，安上罪名，然后籍没其家产以中饱私囊。这事或多或少地传到了宪宗的耳朵里，但宪宗并没当回事，只是睁一只眼闭一只眼啥也没说，于是汪直更加肆无忌惮、为所欲为。

第二天，文武百官上朝了，汪直也在里头。只见宪宗上来后，脸色铁青，看得出他非常生气。百官不明发生了啥事，都忐忑不安地站在那，连大气都不敢出。汪直不愧是拍马屁的料，见机会来了，忙不失时机地媚笑着："皇上有什么心事？请您说出来，微臣当替皇上分忧，万死不辞。"

宪宗皱着眉头叹息说，就在昨晚，他很喜欢的小太监阿丑竟在皇宫里头被人杀了。大伙一听，愣住了。这时，下人抬着阿丑的尸体上来了，只见阿丑脸色乌黑，早没了气息。汪直一见阿丑的尸体，心里咯噔一声，脸上露出了一丝不易察觉的惊慌。但他不愧是条老狐狸，很快就恢复了常态，毕竟死人是不会说话的。汪直假惺惺地说："真可惜阿，阿丑可是个不错的演员呢，就这样不明不白被杀了。"他顿了顿，又说："皇上请放心，这事包在我身上，保证找到凶手。"宪宗满意地点了点头。

咳！咳！突然传来了咳嗽声，大伙回头一看，都瞪大了眼睛：只见阿丑一边咳嗽一边从地上爬了起来！"你没死？"宪宗不敢相信自己的眼睛。"死不了，阎王爷说我阳寿未尽，又将我送了回来。"阿丑说这话时，眼睛直盯着汪直不放。原来，阿丑用诈死的方法骗过了汪直，汪直前脚刚走，张顺他们就被巡逻的卫士逮了个正着。

汪直顿时傻了眼，想不到这厮竟会诈死，见事情败露，他两腿一软跪了下去。

“哼，汪直，你好大胆，竟敢擅自在皇宫里杀人，眼中还有没有我这个皇帝了？就凭这一条，我就可以去掉你的乌纱帽！”汪直吓得全身直哆嗦，一句话也说不出来。

“皇上，臣以为不杀汪直不足以平众怒，他不仅目无皇上，而且利用西厂的权力残害忠良，私吞籍没官员的家产，并且还假借万贵妃的名号四处建庙堂，借机敛财。”这时，一个叫项忠的官员出列来，手捧弹劾书说道。

“真有此事？！”宪宗一脸惊讶地问。其他的官员一见项忠开了个头，知道机会来了，也都掏出准备好的弹劾书，纷纷弹劾汪直，要求皇上立刻杀了汪直。眨眼工夫，宪宗面前的案机上的弹劾书堆得像小山一样。

“哼，好你个汪直，也太无法无天了。来人，摘了他的乌纱帽，革去他西厂提督的官位！等候发落！”宪宗皇帝气呼呼地喝道。汪直早已软成一摊烂泥，知道自己这次是死定了。

第二天，当所有的官员都估计汪直脑袋该搬家了，然而出乎大家意料的是，宪宗并没杀汪直，只是把他外调到了大同巡边，没几天，又把他调到南京御马监做了个闲职。这消息一出，大伙大失所望，但又无可奈何：谁叫皇帝老儿宠着他呢，皇上还舍不得杀汪直！

几天后，阿丑领到了出宫的凭证，到市集上去购买戏班用的行头。他进了一个店铺，老板见是阿丑，低声说：“大人在里头等您多时了。”阿丑点点头，警觉地往四周望了望，见没什么动静，径直上了二楼。

“阿丑，还真有你的，演了一出戏就把汪直扳倒了。”楼上等候的人就是在朝廷之上弹劾汪直的项忠项大人，他一见阿丑便兴奋地说。难怪阿丑偷偷通知他，让他和同僚准备好弹劾书，原来阿丑早就想好了对付汪直的法子。

“你约我出来有什么事？”

项忠道出了心里的忧虑：如今汪直是倒了，但这条老狐狸一日不死，就始终是个隐患，阿丑能不能再次在宪宗面前演一出戏，提醒皇上，杀了汪直以绝后患。

阿丑听了半晌无语，良久，叹息道："主角都不愿再上场，我这配角想演也演不成啊。"阿丑的话让项忠摸不着头脑："你不是主角，那谁才是主角？"

"皇上。"阿丑淡淡地说，"整出戏都是皇上一手编排的，他才是真正的主角。皇上老早就想动汪直了。"项忠几乎不敢相信自己的耳朵，包括他在内的所有官员都以为宪宗宠幸汪直，舍不得对他下手。

原来，汪直控制着西厂，权力大得可怕，随意捕杀皇上的宠臣，而且他又与朝中手握重兵的节度使王越、陈钺两人关系非常密切，已经对皇上构成一定威胁，皇上早就想铲除他了。

"可是，既然如此，那他为啥不直接杀了汪直，还留着这个隐患？"

"后宫三千佳丽，皇上最宠爱的人是谁，你该清楚吧？"阿丑说。

项忠怔住了。说起来，这里头还有段难以启齿的历史，用现在的话可以说是"姐弟恋"。宪宗幼年时由一个叫万氏的奴婢照顾长大，因此他在情感上一直依恋着这个万氏，尽管万氏比宪宗大十几岁，但宪宗依然封万氏做了贵妃娘娘。万贵妃如今可是集万千宠爱于一身，在后宫，她的权力和所享受的待遇甚至远超过了皇后，只要是万贵妃说一，宪宗基本上不会做二。汪直一直讨万贵妃欢心，就算宪宗想除去汪直，也得看万贵妃的脸色行事。真要一下子把汪直给杀了，那也等于把万贵妃脸面给扯了下来，打狗还得看主人面呢，所以宪宗利用阿丑演了一出戏，引出汪直，接着让大伙上场罗列出汪直的种种罪行，最后皇上再出面，顺理成章削去了汪直的权力，并且给汪直留了一条狗命。这样，皇上也不会跟万贵妃闹翻脸了。

"由始到终，这场戏的主角都是皇上，就是要做给万贵妃看的。你不知道，事后万贵妃还直夸皇上这事处理得蛮好的，要怨，只能怨汪直自己无法无天、任意妄为，才落到今天这下场。没有皇上的指令，我阿丑敢在大殿上诈死？敢通知你们准备好弹劾书？”阿丑说。

“好了，我得走了，这话千万不能让外人知道了，要不咱俩的脑袋都得搬家。”转身时，阿丑自言自语道，“哎，谁叫咱们皇上也是怕老婆的人呢！”

望着阿丑的背影，项忠哭笑不得。他想了想，也罢，好歹汪直被削职了，这也算是个不错的结局，但愿那些被汪直迫害致死的冤魂能就此安息。

大王爱吃老鹰肉

北宋末年，朝廷孱弱，金兵长驱直入。金主完颜亮的表弟完颜兀拓率五千铁甲骑兵，很快破了开封府，屠城后，接着向南推进。

兀拓来到城郊，只见这里地势平缓，水草丰盛，边上有条缓缓流动的小河。不远处的石崖曾有开采的痕迹。在阳光的照射下，石崖和河里的沙砾闪着迷人的光泽。举目四望，恍如置身世外桃源，令兀拓奇怪的是，这么好的地方竟不见有人居住。

“报告，抓了个刺客，是名当地人。”巡逻的士兵押着一个发福秃顶，五十上下的男子进来，“是在兵营附近发现的，这人鬼鬼鬼祟祟的，而且身上还带着菜刀。”

“这是什么地方，你从实招来！”兀拓喝道。那人望了望兀拓，战战兢兢地说，这地方叫石家山，他叫石宝生，原是这儿的村民，自打石家山发现银矿后，官府便设立了矿场，把村民都赶了出去，后来银矿采完了，官府的人也就撤了。石宝生一直在外头打工，为避战乱回到了故乡，哪知刚回来就被金兵抓到了。

“是这样，难怪这么好的地方会没人住。”见石宝生没有用了，兀拓手一挥，“拉出去砍了！”这会儿，军医正在给兀拓换药，否则他会亲自砍下石宝生的脑袋，试试他这脖子有多硬。一听杀头，石宝生脸色变了，他哀求道：“大王饶命，我曾是开封府‘一品楼’的大厨，求大王别杀我，我可以让您尝尽天下的美食！”听他这么一说，兀拓来了兴趣，他想了想：“好，露一手来看看，要真如你说的那样，我饶你不死。”石宝生听了千恩万谢，在士兵的押解下出去找食物了。

不一会儿，石宝生带回了一条鱼和一只野兔，还有些说不上名字的野菜，然后杀鱼宰兔，在营前忙开了。只见他抓起他那把菜刀，用拇指刮了刮，神情庄重起来；他双手舞动着，菜刀在砧板上闪着白光，下刀精、准、稳，一看就知道是大家风范：刀过之处，不沾不滞，切丝细如发丝，切片薄如蝉翼，切条有形有致，切块有规有矩。不消片刻，该切的都切好了。

接着石宝生支起锅，开始露一手。在一阵锅碗交响后，几盘堆红叠翠，色香味俱全的菜端到了兀拓面前。

“想不到他真是‘一品楼’的大厨。”兀拓心里暗道。望着眼前诱人的菜肴，他吞了一下口水：“好，今天起你就负责给我做饭！做好了，我重重有赏。”接着他对抓到石宝生的士兵说：“这菜就赏给你俩吧，石宝生的安全由你俩负责，出了差错，我要你俩脑袋！”卫兵早就口水直流了，一听赏给他们，转眼便把菜吃了个精光。

石宝生跟卫兵下去后，副将不放心地说：“将军，我总觉得石宝生这人不可靠。”兀拓笑了笑，“如果石宝生真是刺客，定会在食物里下毒的，所以我让卫兵去试食物。小心盯着就是了，再说有卫兵时刻监视石宝生，谅他要不出什么花招。”

当晚，兀拓下令就地休整。攻打开封城时，兀拓中了一枝狼尿泡过的箭，由于没注意休息，伤口已经化脓溃烂，而且铁骑兵连日奔波早已疲惫不堪，石家山地势平坦不易偷袭，食物又充沛正好有利队伍休整。

数年前，金国派出使团出使北宋，兀拓扮成使团成员混入其中，一是为了刺探北宋军情，二来他这人非常贪嘴，听闻开封的“一品楼”名扬天下，北宋朝廷向来在那接待外宾。他出使北宋期间，尝遍了“一品楼”的菜色，而且还观看过厨师的厨艺表演。因此，他断定石宝生的身份假不了。他本想攻入中原后再去“一品楼”的，哪知酒楼早就人去楼空，他正为这事郁闷呢，如今倒好，他碰上了石宝生。

打这起，石宝生忙开了，上山捕鸟，下河摸鱼，想着法子给兀拓弄好吃的。才几天工夫，兀拓气色好多了，伤口也有所愈合。

这一天，兀拓起来后感到神清气爽，在四周走了走。他发现了一个奇怪的现象，石家山的动物都是养尊处优的样子，懒洋洋的。它们引来了很多老鹰，这些老鹰都飞得很低，根本就没有草原上雄鹰的凶悍之气。

“明天便能动身了。”兀拓吩咐副将。这时，他看到石宝生正仰头望着天空，对天上的老鹰发呆。“要是能把老鹰弄下来该多好，那可是大补之物啊。”石宝生自言自语。

兀拓笑了，这有何难。兀拓命人将自己的铁弓取来，拉开，朝老鹰射去。老鹰应声落地，但同时兀拓也惨叫起来，众护卫忙围上前去——方才用力，他的伤口又裂开了。

“小的该死，忘了大王有伤，害大王旧伤复发了。”石宝生吓得脸都变色了。兀拓摆摆手，进帐篷上药去了。

一炷香工夫，石宝生满脸堆笑走进来，端进了几盆热腾腾的菜。他告诉兀拓：“这些都是用刚才那只老鹰做的，非常补身子，还请大王趁热享用。”

“这是什么？”其中一碟非常精致的菜肴引起了兀拓的注意，这菜上头码着薄薄紫红色的肉片，下面则用不知名的野菜铺垫着，红绿相衬，分外好看，而且香味扑鼻。

“这是老鹰的肝脏。俗话说宁吃天上一两，不用地上半斤。那是因为天上的动物比地上的东西要滋补，而老鹰又捕食地面虫兽和天上鸟禽，因此天地精华都聚集到了老鹰身上。老鹰在飞翔时，大量的血液会涌向肝脏，这样一来，它的肝脏便成了最鲜嫩的东西，而且补血，非常有利于伤口的愈合。”

兀拓半信半疑夹起一块送到嘴里，顿觉鲜嫩无比，怕是这辈子都没吃过这么可口的食物。眨眼间，一盘肝脏落入了兀拓的肚子里。

“大王要觉得好吃，我天天给您弄。不出一月，担保您壮得像头猛虎。”石宝生一脸讨好地说。兀拓高兴地一拍大腿：“行！”要知道，兀拓自从中了狼尿箭后，伤口就没好过，每天又痛又痒，可没少受折磨。

打这天起，石宝生每顿饭里少不了要弄道老鹰的肝脏给兀拓享用，他生怕兀拓吃腻了，或白灼，或爆炒，又或红焖，总是变着花样去烹制。

老鹰果然是滋补的好东西，在石宝生精心调理下，兀拓很快恢复，伤口不再渗血了，只留下黑色的疤瘌。石宝生说这是淤毒，慢慢会消退的。

不觉月余过去，石家山上空的老鹰一天比一天少了。时值初冬，一夜间下了场厚厚的大雪，气温也骤然下降。早上起来，兀拓竟然发现双手冷得微微颤抖，视力也大不如以前，而且头发一抓就掉。哎，老了，一只狼尿箭就让自己元气大伤。兀拓叹了口气，悻悻回营去了。

几天后，一骑信使赶到铁骑营，带来金主的命令，要兀拓立刻跟大部队会合。兀拓一听，高兴地快跳起来，这下又能大开杀戒了。他当即下令收拾东西准备动身，兀拓走出营房，却发现石宝生坐在营前，神情惚然，鼻子还流着血。只见石宝生冷冷地说：“大王这就走？”兀拓点点头。“我看你也别走了，你能死在这里也算不赖了。”石宝生突然冷笑道。

兀拓身旁的护卫听到此话，唰地把刀架到了石宝生的脖子上。哈哈，兀拓得意地大笑不已，当地百姓只要听到金兵，早就吓得屁滚尿流，唯独他一人留在这，兀拓一早就怀疑他别有企图了。“想杀我，你既不会武功，菜刀又不在你手上，我倒要看看你怎么杀我？”兀拓不屑地说。

石宝生摇摇头，兀拓说的没错，但他照样能杀了兀拓。“你就没发现自己的手打颤，掉头发，眼神也一天比一天差？！你早就身中剧毒了！”

兀拓愣住了，他一直提防着石宝生，不仅派人监视他的一举一动，而且每次做好饭菜后，他都要让石宝生先尝，见没事了才动筷子。“你到底是怎么下毒的?!”

石宝生没回答，用手擦了一把鼻血，兀拓突然看到，对方的手也在抖个不停!

“石家山的居民到了中年后，便会患上掉发、失明，最后全身皮肤溃烂而死的怪病，谁也弄不明白是怎么一回事。居民无奈之下只好纷纷外迁，我自幼就离开了石家山。直到官府在石家山开银矿后，这才发现到处闪光的并非银矿，而是水银矿。这是一种有毒的物质，人们长期接触便会中毒身亡。

水银渗进土地和水中，动物吸收后行动迟缓，因此石家山的动物都是懒洋洋的，水银进入体内后会在肝脏中沉积。老鹰处在食物链最高层，最终这些毒素都会存留在鹰的肝脏，我诱骗你每天食用大量的肝脏，就是要让毒素渐渐在你体内聚积，然后不知不觉地中毒。为了不引起你的疑心，我每天也跟着吃肝脏，如今我也是身中剧毒了。”

“原来，你诱我射鹰，就是想让我旧伤复发，然后再实施你的计划。你以为杀了我，就能挽回北宋灭亡的命运吗?!”兀拓喝道。

石宝生苦笑了笑：“北宋气数已尽，就算外夷不入侵，一样会灭亡。”兀拓纳闷了：“既然这样，你为啥费尽心思要杀了我?”

“你该不会忘了这一路南征所犯下的暴行吧?”石宝生两眼充满了愤怒。兀拓带着队伍每到一处，便把当地老弱村民和男子杀死，村庄烧掉，妇女则抓去当奴婢。这一路下来，他以杀人为乐，已不知有多少无辜平民惨死在他的刀下。

之前，石宝生就对兀拓的残暴有所听闻，金兵入城时，石宝山就在砖垛里躲了几天几夜，亲眼目睹了兀拓的暴行。看着同胞惨死在眼前，兀拓的行为激起石宝生的愤怒，兀拓不死，就会有更多无辜生命死去，于是他决定除掉兀拓，哪怕搭上自己的命也值。铁骑营出城后，石宝生一路尾随着兀拓来到石家山。当年使团出使北宋时，石宝山已认得兀拓，并且知道他贪恋美食。石宝生想，只要表明了自己的厨师身份，便有机会靠近兀拓。然而石宝山没料到兀拓行事谨慎，武功又高强，自己根本无法靠近他，更别说刺杀了，于是石宝山利用兀拓箭伤，想出了用食物毒杀兀拓的办法。

"如今水银已入骨髓，就算是华佗再世也救不了你了。"石宝生说。兀拓听了恼羞成怒，拔出剑狠狠刺向石宝生，见大功告成，石宝生带着坦然的笑死去。盛怒之下毒气攻心的兀拓再也支撑不住，口吐污血倒了下去。

三天后，完颜亮见到的是一具乌黑溃烂的尸体——兀拓早已在痛苦的折磨中死去了。

江畔的“高人”

都说天上不会掉馅饼，可唐国顺就真的被天上的馅饼给砸中了。这事，得从头说起。

唐国顺是本地饮食业的能手，早年一直从事酒店餐饮的管理，后来自己盘下了一间“粥城”，凭着出色的管理和特色经营，生意红红火火，不久，他又置下第二家“粥城”。眼下，他急需扩大生意，再找一家店面，形成连锁效应，但就是没合适的。

这天，唐国顺打烊开车回家时，发现雨刷夹了一张广告。他拿起来不经意扫了一眼便被吸引住了：这是一张门店出租的广告，地点正合他的心意。

次日，唐国顺找到了那门店。广告说的地方不是一间门店，而是一片，刚完工。门店建在江畔，空气好，风景也不赖，尤其适合做餐饮业。最让唐国顺看中的，还是它的地理位置，如果在这租下来，就能和自己的前两个店形成稳定的三角形，美中不足的就是这一条街还有待开发。

接待他的是一位四十出头的人，显得很干练，姓张。在他的带领下，唐国顺看了门店里面的情况，一切都满意。但唐国顺还是有些犹豫，毕竟新店的装潢加租金，可是一笔不小的数目啊。小张似乎看透了唐国顺的心思：“租金好商量。”这么一说，唐国顺有点心动了。当问到租金时，对方只是竖起一个指头。

“一万?”

唐国顺心一沉,如果说这一片形成了美食街,那倒也值,关键是还没旺起来,要价一万就不靠谱了。

对方摇摇头:“是一块!”

可能吗?唐国顺当场就从沙发里跳起来,一个月才收一块钱租金,这人八成是脑子进水了。

哪知小张依然冷静地告诉对方:“一块钱一个月,先签一年合同。”

“条件是什么?”唐国顺问。他听说过有的店铺把租金定得很低,然后带有很多附加条件,借机制造噱头,诱骗别人上钩。

对方笑了:“我不会附加任何条件。”

唐国顺一肚子疑云,想知道为什么会把租金定得这么低。可人家就是不肯说。

回去后,他把这事一说,大伙都觉得不正常。有人分析可能是在施工时死了人,晦气;也有的说或许是个骗局,想拉人垫背;等等。可唐国顺动用他的关系一查,对方清白着呢,工程手续齐备,施工过程中也没出半点事。最后只有一种可能,那就是拉到人把店租下后再慢慢敲诈、勒索对方。这点唐国顺倒不担心,反正是按合同办事。唐国顺这人生性就爱冒险,对方只收一块钱租金,明摆着这里头有玄机。对方越这样,就越激起了他的好奇心,于是他决定赌一把。不用交店租,要投入的资金就少了许多,那还有啥好担心的,于是唐国顺租了一间门店。租用的时候,小张只租中间的铺位,两边的不租,至于为啥就没说了。

就这样,唐国顺的第三家连锁店开张了。事实正如他预料得那样:因为新店环境好,再加上“粥城”的品牌效应,生意红火得不得了。

没多久,唐国顺在老家的父亲不行了,他只好放下手头的活儿,回到了河北老家,这一去,就是半年多。唐国顺是个孝子,本想接了父亲来南方住的,可老人一辈子在地里刨食,不肯离开。这期间,他跟店里的联系就靠手机,“粥城”生意都不错,特别是江畔店,门前挤满了来吃饭的小轿车,经常去晚了还找不到座位。这期间,也不见有啥人来找碴儿。

唐国顺把老家的事一处理完,立刻动身回来了。晚上,他下了飞机直奔江畔店。令他吃惊的是,整条街的门店都租出去了,变成了名副其实的美食街!这时的美食街已是灯火通明,车水马龙,食客如云。

年末,会计告诉唐国顺,连锁店都赚了,其中江畔店除去几十万的装修费和各项支出外,净赚三十万。如果续租,第二年利润会更可观。

钱是赚了,但唐国顺心里却不安了。人家明摆着就是白送一年店租给自己,跟自己非亲非故的,小张为啥要这样做?这天,唐国顺回去路上,经过旺角商业区时,一个身影一晃而过,那不是小张吗?只见小张进了一个精品店,看得出,他跟该店的老板挺熟的。唐国顺一见这位店老板,乐了,知道能从这人身上掏出点东西来。精品店的老板叫刘宝,是唐国顺的熟客。一次,刘宝喝多了,回去的路上把摩托车开到了绿化栏上,人飞到一边不省人事,当时已经是深夜,幸好唐国顺路过,将刘宝送到医院,还垫了药费。为此,刘宝非常感激唐国顺。小张前脚一走,唐国顺立马上去。见是救命恩人来了,刘宝忙起身倒茶、让座。

“刚才那位是……”唐国顺问,“你俩挺熟的吧?”刘宝点点头:“小张是我的表弟,是搞地产开发的。对了,你那江畔店就是租他的。这事,我还跟他说过,让他给你一个最优惠价。”唐国顺这下明白了,小张是感激他救了刘宝才白送店租的。

转眼到了续签店租的时候,唐国顺心想,这次小张会出啥价呢?哪知签合同时,小张还是像上次一样,伸出一个手指头。唐国顺笑了。

“一万!得签三年合同。”

唐国顺再次跳起来——租金一下子就涨了一万倍!“这不是蒙人吗?!”

哪知小张说:“唐老板,我已经给了你最优惠价了。”

“一万块还是最优惠价,蒙谁呀?!”唐国顺气呼呼地走了。他刚出门,就见隔壁店的两个老板走过来,一个是经营海鲜的,另一个是川菜馆老板。“唐老板,过来签合同呀?”他们问道。唐国顺想起了什么,问:“今年的店租小张没加码吧?”“没有呀,还是每月一万五。”唐国顺心里咯噔一声,看来小张没撒谎。

唐国顺想了想,凭美食街现在的客流量,甭说一万,就是再加一万,这钱也值。何况自己投入了大量的资金和精力,一旦撤走损失就大了。

无奈之下,唐国顺只好接受了对方的价格。签好合同后,唐国顺问:“你头一年的店租白送给我,是不是因为我救过刘宝?”小张摇摇头:“这事我也感激你,因此少收了五千。但一块钱的店租跟刘宝并没有关系。”“你为啥白送一年店租?”唐国顺迷糊了。

小张笑了:“我一开始就想把将这条街打造成上档次的美食街,但当时这里刚建好,一时难以达到目的,这就要找只领头羊来起带动作用。而你恰好就是最合适的领头羊,只要你来了,其余的就好办了。别人想出钱租,我还未必就同意呢。”

哦,唐国顺明白了几分。

“在本地,你是个响当当的人物,还没你盘不活的酒楼。你的‘粥城’又是一个品牌。租了我的门店后,果然不出所料,你的生意很好。我把这事往广告上一宣传,大伙也纷纷抢着租了。你的店抬升了这条街的档次,同时带来的客流量又带动其他门店的生意,这是一种连锁效应。让你租中间门店,因为中心是一个点,能起到向两边辐射的作用。”

“你也清楚,有时一个品牌就可以带动一片的经济,本市旺角商业区就是个例子。”小张又说。

唐国顺想起来了,旺角商业区开盘后一直不理想,生意很差。虽说南边有一条商业街，但靠它来带动旺角，还不知得等到猴年马月。店铺不好卖，银行又逼得急，这事急得开发商直想跳楼。后来有位神秘的买家盘下所有的店面，然后花大力气引进了国外一个著名的洋品牌快餐店，接着大肆广告，又派发了大量免费餐券，硬是把客流量拉了起来，渐渐把两旁的门店也带动起来了。如今，旺角已是城里最具升值空间的商业区了。

唐国顺不由佩服小张的精明，但他想不通："你为什么认定我一定会租下来，还有，就不怕被别人抢先租去？"

听完这话，小张又笑了："我一早就打听过你的情况，你好奇心强、敢冒险。于是，我便特意开出了一块钱的店租吸引你的注意。当时，你急需扩大经营，江畔的位置正合你心意，而且我还免去了你的后顾之忧。这么好的机会，你咋会错过呢。至于广告嘛，我就发了一张。"

唐国顺听了，不由佩服地直点头，突然想起了什么，问道："盘下旺角，引进洋品牌的就是你吧？"

小张笑了。

唐国顺惊叹道："高人！"

爱在骗中生

老黄住山城，老伴死得早，儿子在省城做生意。每天他都会上茶铺打牌。

这天，老黄来到茶铺时，兰兰正吃着香蕉，这是老黄昨天给她的，她没舍得吃，当了第二天的早饭，见这老黄的心直发酸。

兰兰是外地人，四十出头，因没能力生养被丈夫抛弃了，如今孤身一人来这打工。

一会儿，老黄起身了——身上几十块输光了。“哟，你老黄有十万块存款，还怕输这点？”老黄身边一个老头说。上回老黄去储蓄所，老头也在。

“哎哟！”刚抬脚老黄就一屁股墩了下去——踩到香蕉皮了！还好，只是崴了脚，没伤到骨头。见老黄摔倒了，大伙七手八脚将他抬了回去。

大伙散后，老黄听到门外有人在徘徊，“谁呀？”是兰兰，她低头涨红了脸：“是我不好，香蕉皮是我不小心丢的，害您摔跤了。”老黄摆摆手，表示不介意。

但兰兰并没离开的意思，眼眶还红红的，老黄好生纳闷。“大哥，我是来道别的。”原来，茶铺老板见兰兰闯了祸，把她轰走了。

老黄心里咯噔一声：“去哪？”

兰兰茫然地摇摇头：“我也不知道。”

“我走动不便，早晚得请保姆，你留下来照顾我吧。”见兰兰转身要走，老黄一急，喊道。

见老黄这么说，兰兰高兴地直点头。

在兰兰的精心照料下，黄老恢复得很快，没几天便能下地。这天，屋内不见兰兰，老黄一拐一拐下来，却见她正坐在院子里偷偷抹泪。“咋啦？有人欺负你？”老黄问。“没，沙子打眼了。”见老黄出现，兰兰忙擦干眼泪。

自打兰兰来后，家被收拾得井井有条，也有了生气。老黄的脚伤一天天好转，但他的心情却越发沉重。

“大哥，您下地试试。”这天，兰兰搀扶老黄下地来。然而刚一落地，老黄便咧嘴倒下去。咋会这样的，应该没啥大碍了呀？兰兰突然明白了什么：“大哥，该不是有啥瞒着我吧？”这一说，老黄不好意思低下头：“其实，我一早就对你动了感情，只是一把年纪了，说出来怕被拒绝。”这话一出，兰兰羞红了脸，相处多时，她也喜欢上了对方：“只是……”兰兰抬起头，满脸忧郁，“大哥，跟您在一块，人家会咋说您？！您儿子也未必同意。”

老黄摇摇头：“都半截身子埋进土里的人了，还怕别人说？至于儿子，我会做工作的。”见老黄铁了心，兰兰没再说什么了。

一听老爸要结婚，儿子黄小天当即跳起来。他急匆匆从省城赶回来：“按理有人照顾你，做儿子的也高兴。可这女人来路不明，谁知是不是冲钱来的。”这一说，老黄的脸沉下去，日久见人心，兰兰是咋样的人他清楚。这些天，老黄故意将钱币随处丢，人家捡到后都还了；还有，给的菜金兰兰也没贪一个子儿。

这一夜，父子俩争得面红耳赤，谁也说服不了谁。第二天，老黄照例去散步，刚回来便呆住了：儿子不见了，里屋的抽屉被翻了个底朝天。不好！老黄忙冲进去，翻箱倒柜只找到存折，信用卡却没了，存折和卡都是儿子开的，他知道密码。

果然,老黄心急火燎赶到储蓄所一查,那十万块钱早被提走了!老黄当下就蒙了。

接到报案后,派出所所长程国浩直挠头皮,这案子连诈骗都算不上,只能算家庭经济纠纷。说起来,所长跟是黄小天还是高中同学呢。

“这样吧,我们先找你儿子,找到他就好办。”

老黄想了想,只好这样了。

然而,忙活了好些天,谁也没能找到黄小天——手机关机了,公司关门了,他就像人间蒸发了一样。

老黄这才明白,儿子是铁了心要拆散他跟兰兰。对了,兰兰咋还不回来?她回老家去开证明,该不是出了岔子吧?

老黄忐忑不安地拨通了兰兰的手机,令他惊讶的是,兰兰也不回来了。“啥也别说了,大哥,您就当从未认识过我,忘了我吧……”电话那头,兰兰的语气很无奈。

难道儿子又使坏了,逼迫兰兰离开?不行!老黄打定主意,决定自己去找儿子,再不能让这兔崽子使坏。

第二天,老黄正要出门,派出所来电话了,告诉他,他想见的人抓到了,老黄一听顿时来了精神。

果然,黄小天就在那。“好你个兔崽子。”一见儿子,老黄气不打一处来,脱下鞋帮就往小天脑袋上敲。

“小天没骗你,骗你的人在那!”程国浩一把拉住了老黄,指指拘留室,老黄顿时说不出话——兰兰?她咋会在这里的?

黄小天听到兰兰这人,就感觉不对劲,便跟程国浩说起来。听小天这么一说,程国浩想起了网上发来的一个请求协助的案件,一个在茶铺打工的中年女子,跟外地一位姓谢的老头混熟了,卷走了老头的钱。有趣的是,那女子还大言不惭留下了一张借条,气得老头直想撞墙。程国浩怀疑就是兰兰干的。于是,他跟黄小天将计就计,把存款全拿走了。果然,兰兰见没戏了,跑得比兔子还快。兰兰被抓到后,她也承认了骗走了谢老头的钱。并承认,得知老黄有存款后,便放香蕉皮让老黄跌伤,再接近对方,还是打对方存款的主意。

听到这,老黄张大了嘴。可他不明白:自己一把年纪,记性差,密码就写在抽屉里的本子上,按理兰兰早有机会将钱偷走,可为啥没这样做呢?

望着兰兰,老黄心里一阵难受:“你要缺钱,直说就是,干吗这样做啊……”老黄话没说完,兰兰哇一声哭开了。这让她咋开口呢?她从没想到会遇上老黄。从一开始,她逢人便说自己孤身一人,如今再改口,老黄会咋想?再说她了解老黄,老黄最反感的是别人欺骗他。

这时,小天走过来,跟老黄耳语了几句,老黄怔住了,他眉头皱起来,步履沉重地离开了。

望着大伙离去,兰兰的心沉下去了:自己坐牢倒无所谓,可是儿子……想到这,她的眼泪又下来了。

几天后,兰兰睡得迷迷糊糊时,锁开了,是程国浩:“走吧,今天将你移交出去,案子就了结了。”兰兰明白,这是送他去省拘留所。车子出了山城七拐八拐的,最后竟停在省骨科医院门前。兰兰纳闷了,应该是拘留所才对呀?咋来了医院?

“好了,案子结了,老头已撤诉,你就安心照料你儿子吧。他刚动了骨髓移植手术。”程国浩把兰兰带到一个病房前,一进去,兰兰怔住了,病床上躺着的正是她儿子,床边站着老黄父子!

兰兰的爱人死得早,她好不容易将儿子拉扯成人,谁知儿子竟又得了白血病。为筹钱治病,兰兰这才铤而走险行骗的。兰兰想:茶铺里多是退休老人,他们很多是孤身一人,多有积蓄,而且戒备心不强。于是,兰兰骗了谢老头两千块后,又来到了老黄住的小山城。

兰兰被抓后,老黄得知了事情的原委,于是找到被骗的谢老头,道明缘由,并补偿了对方的损失,谢老头同意撤诉了。由于所涉金额不大,当事人又撤诉了,自然无法立案。接着,父子俩和程国浩赶到了兰兰的家,这才知道她儿子已经病得很严重了,再不动手术就有生命危险。黄小天立即上网求助,找到适合的骨髓后,父子俩垫钱帮兰兰儿子动了手术。

兰兰听后愣住了,自己是个骗子啊,根本不值得人家同情。老黄笑着摇摇头,话虽这么说,但兰兰也是救子心切才犯错的,本质并不坏。要不咋会拿了人家的钱,还打了张借条,幸好这张借条,帮她解了围。照顾老黄这么多天,兰兰不是没机会骗到钱,见老黄是好人,她这才狠不下心来将钱卷走。正因如此,老黄决定帮助兰兰渡过难关。

“谢谢……”兰兰双眼模糊了,“动手术的钱,我会想法子还的。”

“当然得还,”黄小天接茬道:“以后就从你做保姆的工钱里扣,行不?”兰兰瞪大了眼睛,还请自己,不嫌弃她?

“有你照顾我爸,我就能放心出去做生意啰。”黄小天意味深长地说,然后望了眼父亲。老黄突然涨红了脸,不好意思地低下了头。

真实的体验

一天夜里，哈维斯打昏狱警，攀过高墙，逃离了监狱。虽然警卫发现并开了枪，但中了枪的哈维斯还是逃脱了。

出来后的哈维斯似乎运气不错，不仅劫到了一辆小车，还从被他杀死的女车主身上找到一把手枪。接着，他又发现路边有栋小木屋，屋内有一位男子在看书，于是他闯进去，胁迫对方为他上了药，止住了血。

天亮后，哈维斯来到小镇上，转入一个弯道后，突然发现前面有警察设卡。情急之下，哈维斯一打方向盘，拐进了路旁一幢独立的房子后面，然后躲进屋里。

哈维斯进到房间，突然听到一阵窸窸窣窣的声音，桌子后面探出一张男孩的脸孔，大约十三四岁。男孩猛然看到陌生人拿着枪出现在面前，顿时吓得脸色发白，惊叫起来。哈维斯心里咯噔一声——叫声已经引起了警察的注意，一名警察朝窗户慢慢靠近。说时迟，那时快，哈维斯一个箭步窜到男孩身后，用枪顶着他，命令道："不许喊，就说什么都没看见，知道吗？"男孩脸色苍白地点了点头。哈维斯蹲在后面，握枪的手微微发抖，细密的汗珠爬满了额头。

"你还好吗，约克逊？"警员冲屋里喊道。

哈维斯的心怦怦直跳，他端起手枪，另一只手悄悄拧开了手雷的保险盖,只要男孩一喊,外头的警察就会蜂拥而至,那时就没戏了。

出乎意料的是,这时男孩冷静下来了,慢慢掀起窗纱一角,伸出脑袋,扬了扬手中锋利的剪刀,笑着说:“没事,我在学中国剪纸,不小心戳到手了。”警员相信了约克逊的话,离开了。

哈维斯长吁了一口气,坐在地板上,这时他才发现满地都是红色的剪纸。男孩平静地看着他,问道:“你就是那位越狱的逃犯吧?”听他这么一问,哈维斯顿时又紧张起来,他阴森森地盯着对方:“你是怎么知道的?”

男孩指了指哈维斯的衣服,哈维斯低头一看,自己上身穿了件女式风衣,这是从车主身上剥下来的,但那女子的牛仔裤太小了,哈维斯穿不下,所以仍旧穿着囚裤。“你这样一出去,就会有人报警的,我还是给你换身合适的衣服吧。”男孩说着,拉开旁边柜子的抽屉,拿出一套干净的衣服递给哈维斯。

哈维斯怔住了,想不通男孩为什么要帮自己。

“一会儿你就知道了。”男孩说。

哈维斯迟疑片刻,换上了衣服。穿着干净、舒适的衣服,他紧张的情绪渐渐缓和下来,开始对男孩产生了好感,于是跟男孩聊了起来。男孩告诉哈维斯,他的母亲在镇上打工,一般晚上才回来。

这时,突然由远而近传来急促的警笛声。一听这声音,哈维斯不禁打了个冷战。他朝窗外望去,又一部警车停在关卡前,下来一位警官,似乎朝房子这边走来。哈维斯眉头紧皱,看来情况很不妙。

“这可不行,他们随时会上门来盘查,迟早会发现你的。”男孩想了想,一拍脑袋,“有了,有一个谁也想不到的地方,你到那躲着。等警察走了,你就可以安全地离开了。”哈维斯听了,感到非常愕然,他不明白男孩为什么一次又一次地帮助自己?正分神时,男孩已掀去一块小地毯,露出了铁板,再掀起铁板,下面竟是一个地下室!人下去后,里面有插销,上面再大力气也无法把铁板扒开。警察绝对不会想到这里,这真是个绝妙的藏身之地,哈维斯想。

“你先在这待着,我去给你弄些吃的来。”男孩说着,打算爬上去。听他这么一说,哈维斯肚子真的咕咕直叫。

望着男孩的身影,哈维斯心里嘀咕起来:这个男孩太厉害了,绝非等闲之辈,小小年纪,却有着与他年龄不相符的沉着和老练。哈维斯再次环视了四周,顿时打了个激灵:好家伙,男孩上去只需把铁门一锁,自己岂不成了瓮中之鳖?“不好!”他暗叫道,呼地拔出枪,猛地冲上前,黑洞洞的枪口指着男孩的脑袋,恶狠狠问道:“你为什么要帮我,是不是想把我关在地下室里好去领赏?说!”哈维斯两眼紧紧盯着男孩。

男孩回过头,神情出奇平静:“帮你,是为了帮我自己。”

“帮你自己?”哈维斯困惑了。

原来,男孩的父亲被镇上一个无赖打死了,可那家伙有的是钱,请来最好的律师,结果被判无罪释放。男孩恨透了那人,想杀了对方报仇,但他年龄尚小,买不到枪,男孩帮哈维斯,是希望哈维斯教会他开枪,离开时,把枪留下。

哈维斯举着枪的手慢慢垂了下去,他没有理由不相信对方。说这番话时,男孩的眼神看不出一丝说谎的痕迹。看到男孩离开了,哈维斯脸上竟露出了一丝古怪的笑容。

时间一分一秒过去,焦急不安的哈维斯已经在地下室呆了好一会了,怎么还不见男孩出现?就在这时,上面传来清脆的敲击声,激动的哈维斯就想去拉插销,但他立刻又迟疑了:会不会有诈?这时上头传来男孩的声音:“叔叔,快开门,是我。”没错,是男孩!他眼珠子一转,喊道:“我把门打开了,还是你送下来吧。”只见铁板掀开了一条缝,露出了盛面包和牛奶的托盘,就在这时,男孩着急地叫起来:“不好,我妈妈回来了,正到处找我呢,你快来拿!”

听到他这样说，哈维斯只好一手提着枪，一手去端食物。

然而，还没等哈维斯碰到盘子，整个人猛地被拽了出来，随即被缴了械，扣上了手铐。哈维斯定睛一看，顿时脸色大变——男孩的身边围满了荷枪实弹的警察！

“天网恢恢，疏而不漏，想不到吧，哈维斯，你最终还是落网了。”一个熟悉的声音在耳边响起，哈维斯抬头一看，两眼直了：说话的这人就是小镇警长托尼，一个将哈维斯送进监狱的人！

两年前，哈维斯因贩毒、杀人被警官托尼抓住了，被判终身监禁。这次，哈维斯越狱，上头考虑到托尼对哈维斯的情况最熟悉，便让托尼参与抓捕行动。

仇人见面，分外眼红。哈维斯不知哪来的力气，他猛地撞开身边的警员，退到屋角。

“投降吧，哈维斯，你跑不掉的。”托尼喊道。

哈维斯冷笑着：“是吗？”他一掀衣服，赫然露出了腰间的那枚手雷！

“放下枪，踢过来，叫小男孩过来开锁，不然我就引爆它！”哈维斯歇斯底里地喊道。

一时间，空气凝固了！

哈维斯是个杀人不眨眼的狂魔，一旦被他逃脱，后果不堪设想。如果不照做，他就会引爆手雷。大伙紧张地望着托尼，不知该如何是好。托尼也没料到对方会有这一手，见这么多同事在场，一时也犹豫了。

“爸爸，别信他的鬼话，那手雷根本不会爆炸。”男孩扭过头，轻描淡写地对托尼说。难怪这名男孩不简单，虎父无犬子，原来他竟是托尼的儿子！

“哈哈……”哈维斯突然大笑起来：“好，既然你们不相信，那就试试手雷的威力吧。”哈维斯一边狞笑着一边去拉手雷。不好，哈维斯感到不对劲，低头一看，脸变得煞白。

“找这东西吧？在我这！”男孩提起一只扣环，这是一根引爆手雷用的拉环，早在窗户旁，拉线就被他用剪刀剪掉了，见大势已去，哈维斯瘫在地上，被一拥而上的警察制服了。

突然，哈维斯大笑起来：“你们不能抓我，我根本就不是罪犯哈维斯！”说完，他撕下脸上的人皮面具，露出另一张面孔，这人竟是镇上的影视演员山·克拉克多！大家感到无比愕然……

原来，克拉克多正在私人小木屋看剧本，他将在一部新剧中扮演一位越狱者。一直以来，他都为进入不了角色而苦恼，恰巧哈维斯闯了进来，是克拉克多给他上了药。至于哈维斯越狱的事，克拉克多早就接到警察局通知了，开始他也想过报警，但转而一想，自己身材和对方相仿，正好借此机会扮演对方，在真实的越狱过程中去体会罪犯的心理。于是他换上哈维斯的行头，带上道具手枪和手雷，至于面具，那好办，克拉克多以前是道具师，这对他来说只是小菜一碟。接着这个冒牌的罪犯上路了，在真实的追捕中，克拉克多恰巧又碰上了镇上聪明的男孩约克逊，这人是托尼的儿子，从小就渴望能像他父亲一样，长大成为出色的警察。男孩在其父熏陶下，勇敢而机灵，还以为自己真碰上逃犯了，便和对方周旋了起来。于是，克拉克多不露声色，假戏真做了一场，从而找到了他想要的那种感觉。

听完克拉克多的话，托尼吓出了一身汗，他吼道：“你疯了吗?！你知不知道这样做有多危险！”克拉克多耸耸肩，抱歉地说：“警官，对不起，给你们添乱了，为了更好揣摩角色的心理，我必须去试一试！”托尼想起来了，就在前几天，克拉克多还找过他，请求托尼提供一些罪犯档案以供参考，但托尼拒绝了。

突然，托尼想起了什么，紧张地问：“哈维斯在哪，你把他怎么样了？”克拉克多笑了，他告诉大家，真正的哈维斯还在小木屋里睡得正香呢，哈维斯逼着他上药时，克拉克多在对方的伤口上偷偷放了安眠药，没有两天这家伙是不会醒来的,哈维斯只等束手就擒了。

一年后,一部名为《越狱》的电影红遍了北美,男主角的扮演者就是克拉克多,他逼真的表演令观众叹为观止。

雪地抓捕

哈里森经数月追踪,终于在巴斯山谷抓获了格雷,不巧的是抓捕时通讯器材摔坏了。

“你不是退休了吗,为什么还对我穷追不舍?”当得知眼前头发花白的老人就是赫赫有名的哈里森探长时,格雷有些惊讶。“我说过要亲手抓你归案的,一天没捉到你,就一天不退休!”哈里森咬牙切齿道。

大雪封住了山,两人深一脚浅一脚向山下走去。突然,哈里森停下脚步:身后轰隆隆的,如同万马奔腾,只见山顶上卷起的白色云雾正铺天盖地奔涌过来。他顿时脸色大变——雪崩!

“快,捂鼻子!”哈里森扯起风衣包住了头。说时迟那时快,飞泻而下的雪崩已扑到跟前,哈里森被巨大的冲力抛起来又摔下,顿时昏了过去。

不知过了多久,哈里森睁开眼,四处白蒙蒙的。哈里森明白自己被雪埋了,但他很快镇静下来。雪崩不像泥石流,它带有大量的空气,只要及时掏出空间,受困时间不长仍有存活的可能。

不由多想,哈里森开始奋力掏起了积雪。不久,便出现了一个小小的,勉强能挪动的雪洞。

格雷呢?雪堆冲击前自己拽紧了格雷的胳膊,他应该就在身边。哈里森忍着刺骨严寒,手插进雪堆中摸索起来。他摸了几下,触摸到一个柔软的物体,是格雷!他已休克过去。哈里森不由多想趴下去给格雷做人工呼吸。半小时后,格雷吐出口浊气,总算是缓过气来了,他睁眼望了望:“探长,你救了我?”哈里森冷冷地点点头,他可不想让格雷死在山上。

说话间,哈里森已撇下格雷,挖掘起头顶上的积雪来。崩塌的雪是松软的,只要选对方向,便有机会挖到雪面。见这,格雷也跟着干起来。

时间一分一秒过去,他们头顶的通道不断延伸,哈里森突然停下了手中的活儿,瞪大双眼:上面竟是坚硬的泥土!哈里森明白了,为啥自己醒后头晕,并不完全因为雪崩的撞击,同时也是自己头部一直朝下困在雪窟中,血液倒流造成的,以致最后挖到的是泥土层。

哈里森想起了什么,马上解下鞋带系在了钥匙扣上,钥匙扣垂了下来。“那就是雪面。”他指着一处喊道。利用地球的重力可以找出方向,顺着鞋带上端挖就能出去。

时间一点点过去,两人的手指冻得通红,体温也下降得厉害,但仍看不到生机。会不会又挖错了?格雷不禁担心起来,这时哗一声,上面的雪层塌下来,一缕柔和的阳光射了进来——脱险了,两人从雪崩中逃了出来!

“走吧。”哈里森看眼天色,又面无表情地给格雷戴上手铐。

可是没走多久,俩人便停下了,前面是了一条深涧,湍急的水流猛烈撞击着涧底的石头。幸好涧上面搭了根木头,哈里森试了试还结算实,便让格雷先下去了。

格雷刚刚跳上木头,木头竟然断了,他随即摔了下去!不好,哈里森猛然趴下,右手拽住了格雷,格雷顿时像秋千一样吊在崖边。“坚持住,我拉你上来。”就在这时,雪地传来了沙沙的脚步声:“好了,有人来了。”哈里森扭头一看,呆住了——一头棕熊!冬天不冬眠的棕熊,往往是最可怕的,它们可是饿醒才出来的,棕熊也发现了猎物,加快脚步奔袭过来。

“探长,快放手!我是个罪人,犯不着为我送命!”格雷大叫道。听他这么一说，哈里森微微一怔："胡说！你不能死，我承诺过一定把你带回去的。"

说着，哈里森也不知哪来的力气，大喝一声，猛地将格雷甩到了崖边，熊已经冲到跟前了，紧接着哈里森掏出手枪，对天连放几枪。棕熊被巨大的枪声镇住了，转身逃得没了踪影。

"谢谢……"格雷颤声说道。哈里森心情复杂地点点头，用手枪指了指边上的岩石："木头断了，只能从边上攀爬过去了。"

这是片散乱的风化岩，经雪水长年浸润已变得光滑和松动。哈里森两眼只顾盯着格雷，没留意到脚下，他的脚刚踏出去，身子顿时一歪摔倒了：一块岩石滚落下来，不偏不倚压住了他的大腿！哈里森大叫一声，疼得几乎要晕过去。

格雷愣住了，接着回过神来，他满怀歉意望了眼哈里森："探长，原谅我不能跟你回去，我还有更重要的事得办。"说完转身就跑。

"你是回家看儿子吧？"

格雷怔住了，格雷躲在巴斯山谷，就是想回山脚下的家中看看儿子。自打妻子死于车祸后，格雷一直与儿子相依为命。儿子得了心脏病，再不动手术就有生命危险。格雷筹不到手术费，一时糊涂跑去打劫，却又失手打死了警员西克那斯。

"你儿子在医院里，已经动了手术了。"哈里森声音低沉地说。尽管格雷犯了罪，但孩子是无辜的，警局知道这事后，还是自发捐款给孩子动了手术。

格雷万万没料到事情会这样，他愧疚地望了眼哈里森。突然，他又瞪大了双眼，神情紧张地扫了眼四周，地上有根碗口般粗的木棒，格雷猛地抄起木棒，冲向哈里森！

"站住！你想干什么？！"哈里森喝道，但格雷还是怒吼着冲过来。枪响了，就在子弹出膛一瞬间，格雷却是脚下一滑摔了下去，子弹仅擦伤了格雷的手臂，格雷爬起再次扑上来。哈里森的子弹已经打光，只能眼睁睁望着木棒狠狠砸下来！

一股腥臭味袭来，一条黑影重重跌落下来——狼。原来几头恶狼从岩石后摸过来，正想偷袭哈里森，格雷及时出了手。剩余的几头狼嗥叫着围上来，但都被格雷击退了。狼只能心有不甘地在不远处蹲守着，此时已近黄昏。

“别管我，你下山去吧！记住，去自首！”哈里森制止了正在撬岩石的格雷，上面的石头已松动，一触动会全部塌下来；而且自己正不断流血，不用多久也会因失血而死。哈里森抛出手铐钥匙，接着用笔写下了自己的死跟格雷无关的证明。“不，我不走！”格雷知道自己一离开，恶狼马上会扑上来把哈里森撕成碎片。

“等到晚上，就算我们不冻死，也会死于狼群的偷袭。”哈里森说道。

“有了！”格雷跳起来，“通知林区防护员，让他们来救援。”

哈里森叹了口气：“没有通讯设备，如何求救？”

正叹息间，格雷已经拔出了哈里森腰间的匕首，砍下一段枯木，用匕首挖出一道凹槽，接着用树枝在凹槽里来回摩擦。一会儿工夫，凹槽冒起青烟，格雷扯把枯草放上去，轻轻一吹，点着了！点燃了火堆后，格雷削来青翠的雪松枝叶，放到火堆上，一股浓烟冒起来并笔直地升了上去。哈里森明白了，经过阳光一天的照射，山谷会产生一股上升气流，格雷在利用它求救。林区最高峰有观测站，可以很快看到烟火。果然，二十分钟后，天空中传来轰鸣声，一架火红的直升机出现在上空。

“可以问你件事吗，探长？”格雷一直不明白，哈里森本可以退休了，为啥他要参加对自己的追捕。

“你打死的警察西克那斯，是我唯一的儿子。在他临终前我承诺过，一定亲手抓你归案。”哈里森心情沉痛地说。

格雷呆呆站在那。半晌，他内疚地拾起手铐，伸出了双手。哈里森给格雷扣上了手铐，但随即，他又打开了手铐："去自首吧，你儿子还等着你早日出来。你也是个好父亲，只是一时犯了错。"

格雷双眼模糊了，哈里森将自己铐住，已经实现了他的诺言，再打开手铐，是给自己机会减轻刑罚。

"我向您承诺，一下飞机就去自首。"格雷郑重地说。哈里森脸上露出了难得的笑容。

生死驴途

王成是经验丰富的驴友，他在国庆期间召集了登山爱好者去太清山探险。太清山最高海拔4 000米，风景优美，王成也没料到，就因自己一时违规操作，差点害队员送了命。

进山后手机便没了信号，不过顺利的话，三天后队伍就能登上主峰并回到山脚下。

“队长，往哪儿走？”前面出现岔道，右边的路封了，还设了禁入告示。王成眼珠一转心里打起小九九：“驴友们，无限风光在险峰，敢跟我去看传闻中的龙珠瀑布吗？”龙珠瀑布是太清山最壮观的地方，瀑布从半山悬崖喷出来，犹如龙珠腾空般壮观。但这景点尚未开通，且路途险峻，极少数人目睹过它的容貌。

王成曾两次探险龙珠瀑布无功而返，这次他的目标就是瀑布，只是组织队伍时没敢透露出来。“走别人没走的路，看别人没见过的风景，说不定拍出的相片还能拿大奖呢！”近期，某网站开展了“驴友眼中最美地方”的摄影比赛，大伙也巴望着自己拍的照片能拿奖。在王成的反复怂恿下，大家改变了路线，闯进了右边的山路。

这一路风景秀丽，驴友们有说不出的兴奋，也拍了不少漂亮的相片。

第二天，天没亮队伍就上路了，浓厚的雾气笼罩着四周。“丽丽呢？”王成突然喊道,丽丽不见了!她去小解落在了最后头。大家顺原路找了很久,喉咙喊破了仍不见丽丽。情急之下,王成掏出哨子猛吹起来,尖锐的哨声刺破浓雾,这时远处传来杂乱的哨声——丽丽在那儿!雾气一点点散去,只见她竟阴差阳错跑到另一个山口,前方30米就是深不见底的断头崖,若非哨声唤住她,丽丽势必继续往前走摔成肉酱!丽丽明白过来,吓得哭着要回家,谁劝也不听。队员一脸无助地望着王成,王成也有些为难,这样回去必将半途而废。"丽丽,你看,"这时一缕金光射过来,太阳升起来了,一点一点往上攀,顿时整个人都沐浴在金光之中,这是城市绝对无法看到的美景。"咱驴友图的是啥,就是在险境中追求这种美景,放心吧,有我在,包你没事。"经王成劝说,丽丽慢慢安静下来了。

大家不知不觉来到鹰嘴岩这地方,这是太清山一处松软的风化岩,一边是刀削般的绝壁,仅有一处狭窄的羊肠小道可通过,尽管脚下风光美得令人神往,可谁也不敢大意,尽量用背贴着石壁小心翼翼往前挪。山里的气候说变就变,这时下起了细雨,谁也没留意到,一些细小的沙砾顺着雨水冲下来。

山道刚走一半,头顶竟传来了沉闷的滚动声,王成暗叫不好:"大家趴下!"他大喝一声。队员忙趴了下去,出发前王成教过大家一些基本的求生技能,这招也是他教的。大家刚躲好,头上的岩石呼啦啦擦着头皮飞了过去。要不是趴下,狭道上端岩石像鹰嘴般探出来,刚好挡住滚落的山石,只怕大家早成了肉饼。王成也吓出了一身冷汗,内心不由嘀咕起来:"冒险进入封山区,就为一睹传闻中的景色,是不是太鲁莽了?"

"我不干了,我要回家。"丽丽吓得脸色煞白,哭喊着。她这一开口,队员们也开始动摇,纷纷要求下山。砰!正当大家嚷得不可开交时,又一块巨石呼啸而下,刚好卡在了山道上——后路完全封死了!

"只能往前走了。"王成叹了口气。没有了退路大家只好硬着头皮往前走。

进山已经四天，背囊中的食物一天天减少，队员也越来越疲惫。“队长，瀑布到底在哪？”队员刘小军有气无力地问。王成并未回答，突然竖起了耳朵。

前方隐约传来了瀑布声，转过一个山崖，大家顿时被眼前的景色惊呆了：一条瀑布从山腰喷射出来，撞到下方石台又散成两股匀称圆润的白练，其势如虹汲水，壮观不已，白练落到底下的深潭，溅起无数鸽子蛋大小的晶莹水珠。这，就是传闻已久的龙珠瀑布！

大伙跳呀叫呀，被眼前壮观的景色迷住了，一路的艰辛劳苦全抛到九霄云外。“咋样，还后悔来这一趟吗？”王成笑着问大家。“一点都不后悔。”队员纷纷摇头。王成的心稍稍宽了些，但上山容易下山难，他隐隐感到后面还有无法预料的危险。

大伙拍照后顺着河床下山了，这是下山唯一的路。又下雨了，泥土不断被冲刷进河里。王成小心翼翼在前面探路，并提醒大家留心脚下。话音刚落，“哎呀！”一声惨叫，刘小军踏空跌落到下面的石滩上，当即摔断了腿。队员们见势不妙就想下去救人，被王成制止了。王成环顾四周，四处是竹子和青藤。“砍竹子和青藤做担架，再抬他上来。”下面足有五米深，只有用青藤溜下去才安全；而且用担架抬，才能避免刘小军骨头移位。队员各司其职，很快扎好了担架。

“队长，有人来了！”队员欢呼起来，远处草丛中出现了一个影子，像是披蓑衣的农民，正朝刘小军走来。

“糟了！”王成傻眼了：这哪是披蓑衣的农民，而是头黑熊！这个时节的熊最可怕，它们是在为冬眠而觅食。黑熊也发现了动弹不得的刘小军，开始奔跑过来。

“快跑……”有队员颤抖地说，撒腿就想跑。

“跑，往哪跑，刘小军咋办？”王成一把扯住那人，“跟我来！”王成大吼一声，抄起根竹竿冲上前，疯狂挥打着身边的树枝，不知哪来的勇气，大家纷纷拾起竹竿吼叫着敲打起来。黑熊被突如其来的巨响镇住了，它犹豫片刻，悻悻地掉头离去了。

费了好大劲，总算把刘小军安全地吊了上去，其间众人的背囊就地放在石滩上。

就在这时，上游山谷传来轰鸣声，王成低头一看，河水正迅速上涨——山洪！大家手忙脚乱地往上爬，唯独丽丽吓得脸色发白，瘫软在地，眼睁睁望着野马般的洪水冲撞过来。来不及多想，王成抓根青藤拴住丽丽身子，一头抛上河岸，驴友连拉带扯将她拉了上去。山洪已冲到面前，王成躲避不及卷入水中没了影。

"队长……"大伙哭喊起来，丽丽更是泪流满面，怨恨自己的胆怯害了王成。

"是队长，他还活着！"有人喊道。下游三十米处，王成抱着根卡在岩石里的木头，大口喘气。他随时会被冲走，但是望着湍急的河水，谁也不敢下去救人。更猛烈的山洪夹着沙石冲过来，王成快支持不住了，大伙的心提到嗓子眼。唰，一根青藤飞下来套住了王成，是丽丽！情急中她拾起那根拴身体的青藤，打个套甩了下去，在大家的努力下，王成上来了。

天快黑了，两天粒米未进的所有人疲惫不堪，又冷又饿，刘小军发起高烧，还说起了胡话。"前面有个山洞！"队员喊道，令人惊喜的是，山洞里竟然有干粮。大家饥不择食啃着干粮时，天色渐渐暗下去。刚啃几口王成感觉不对劲，洞口被黑影堵住了，那是头毛茸茸的东西——熊！他本能地跳起来。队员们早吓瘫在地，尽管王成两腿发抖，但他仍挣扎站起来挡在前面。

"你们就是迷路多日的驴友吧？"正恐惧时，洞外黑乎乎的家伙将身上的东西一脱，问道。原来是个披着蓑衣进山采药的药农，又饿又累的队员看花眼了。

“对了，”药农想起了什么，“当地已组织许多人进山搜救，你们待在这别走，我马去找人。”说完冲进了雨里。

半夜，洞外传来了喧闹声和火光，救援队来了。这时，王成两腿一软，再也支撑不住，瘫了下去。

“我再也不做驴友了。”下山后丽丽心有余悸，这话一出其余队员纷纷赞同。王成想了想，自己还会做驴友，但再也不会蛮干。

惊魂一小时

张山咋都没料到，自己的固执之举，几乎断送了自己和老婆的性命！

张山性格固执，为这老婆小丽没跟他少吵架。这天，两人决定不过了。于是，张山开着小车和小丽去民政局办离婚手续。

他们刚出门，天空就乌云密布，紧接着豆大的雨滴砸了下来。看到路边等公交车的人们狼狈的样子，张山不由庆幸自己买了辆车，不用在雨天遭罪。

雨越下越猛，能见度也越来越低，北方这座城市，雨水来得急。刚走到环城路立交桥下，前面堵车了，立交桥下全是积水。开始有车子调头，也有胆大的车主缓慢地趟了过去。张山观察了一下，水刚好淹到轮胎的一半，他买的是一辆越野车，底盘比较高，于是便试着开了过去。

"张山，你疯了！"小丽叫起来，那么深的水根本过不去的。听这一吼，张山的犟脾气又上来了，你不让我过，我偏过去给你瞧瞧！张山一脚油门，车子蹿了出去径直驶进水里。

刚走一半，咔嚓，车子熄火了。无论张山如何捣鼓，车子就是一动不动。"这下满意了吧？"小丽冷冷白了他一眼。

"你以为我愿待在这呀，要不是跟你办离婚，才不会急着过去呢。"张山气呼呼地说。听张山这么一说，小丽生气地扭过头。

看着外面的瓢泼大雨，张山知道没戏了，只能等雨停了再试着点火将车开出去。他看了眼手表，9点整。

雨还在下个不停。突然车窗响起了敲击声，一个男子落汤鸡般在用力拍张山的车。“干吗？”张山打开一条门缝，警觉地问。

“我是前面的车主，别在车里待了，不安全！”对方指指水位，再指指汽车，示意他快离开，说罢便涉水离开了。张山望了望窗外，犹豫了，如果下车肯定会淋成落汤鸡，再说把车丢在这被人偷了咋办。雨再大，总不至于把车冲走吧？他心想。小丽本想下去的，但看到水已涨到齐腰了，她也缩了回去。

张山冲外面摆摆手，然后关上车门，用耳塞听起了手机里的音乐。小丽则索性眼睛一闭，斜靠着座椅打盹，两人咋都没想到，危险正在一步步逼近！

20分钟后，张山突然感到脚下不对劲，睁眼一看，水已经渗入车内，“老婆醒醒！”张山拍醒了双脚蜷缩在座椅上的小丽，小丽睁开眼，顿时脸色煞白——外面的水已涨到车窗了！

两人顿时慌张起来，连忙去掰车门，然而中控锁按键却毫无反应，被水一泡，解锁装置失灵了。张山惊恐万分地望了眼窗外，水还在慢慢上涨着。

“该死，快点开门呀！”张山暗骂道。叭，门锁总算解开了。张山抹去额头的汗水，伸手去推门——车门纹丝不动！

张山冒出一身冷汗来，他顿时明白了方才那个司机为什么会弃车而逃，水一旦将车淹没，将会产生巨大的压力，困在里面的乘客根本无法打开车门逃生！

张山拼命用身子撞车门，折腾了好一会儿仍无济于事。“老公，我不想死！”小丽哇地哭开了。“没事，不会有事的。”张山努力平静地安慰道。

这时他的目光落在了手机上，对了，报警求救。张山颤抖地拨通了报警电话，然而那头却是忙音，电话根本打不进去！张山不知道，此时这个城市已经汪洋一片,无数求救电话早挤破了报警台的电话线路。

就在这时,张山的手机响了,是张山母亲打来的,母亲正为他们闹离婚的事担心呢,打电话来劝说。张山如同抓到了根救命的稻草:"妈,您快帮我报警,我跟小丽被困在车里,水就要把车淹没了。"张山几乎是带着绝望的语气求救道。就在他家不远就有一个派出所,可以让母亲跑过去求援。

"好,我马上去派出所,你别急;对了,你爸说,看身边有没有东西能把玻璃砸碎?"电话那头传来了父母不安的声音。

砸玻璃?一句话提醒了张山,可以用方向盘防盗锁砸玻璃呀。张山似乎看到了希望,购车时4S店送了一把锁给他,那是一把T字形的铁锁,用它可以把玻璃砸碎。张山猫下身子摸索了一会儿,接着他的心又沉下去,没有锁头!4S店送的是把质量低劣的锁头,由于不好使,张山便找4S店退了钱,为了这事,他还跟店员吵了一架。当时小丽还劝他算了,但固执的张山还是私下把锁退掉了。

"我真浑呀,为那几个破钱把锁退了,这下等死吧!"张山后悔地拿拳头直捶脑袋。小丽用幽怨的眼光剜了眼张山,嘴唇动了动,却始终什么都没说。

水已经漫过了车窗,车子完全淹没在水中了。更糟的是,水正不断从底盘渗进来,不用多久,它就会灌满车厢。

张山抑制不住痛哭起来,昨晚他还看了一集民国题材的电视剧,里面就有浸猪笼的镜头,没想到这个残酷的场面就活生生发生在自己和妻子身上。他奋力拍打窗户,但暴风雨中,又有谁能发现困在车厢里的张山和小丽呢?

手机又响了,是母亲打来的,两人仿佛看到了一丝希望。"快,快接电话。"小丽催促道。然而慌乱中,张山的手机掉进水里,顿时成了一坨废铁。看到最后一丝希望破灭了,夫妻俩颓唐地瘫在座椅上,发呆地望着车厢内的水位涨上来。

“也许我们根本就不该去民政局的。”小丽喃喃地说。张山叹气摇摇头：“都是我不好，如果不是那么固执的话，也不至于被困在这里……”

水还在涨。

9点35分。

“不，我不能这样等死！”张山突然吼道，哪怕有一线生机，他也要拼尽全力去抗争，为自己，更为家人。想到这，张山抹去眼泪，曲着身子站起来冲车窗玻璃踹过去，一脚，两脚……不知道自己踹了多少遍，他终于气喘吁吁停下来，但玻璃还是完好如初。在汽车狭小的空间里，张山又弯着身子站在水中，即便有劲也没法使出来。

车内，水已经涨到胸口了，车厢里的氧气越来越少，二氧化碳浓度也在升高，张山明白，不用多久两人便会昏迷过去，然后窒息而死。

张山深深吸了口气，努力让自己冷静下来，车内空空的，没有可以砸的物件。

突然，他的目光落在了座椅的头枕上，头枕下端是粗大的钢骨，头枕是可以拆下来的。当初买这车时，妻子还嫌支撑头枕的钢骨粗大，太难看，一度要求4S店更换。

张山抽出头枕，把钢管插进了玻璃与车门的缝隙中，如果方法得当，钢管可以把玻璃撬开。

然而张山撬一次，车门靠着玻璃的塑料壳就碎一次——里面的内饰太软了，没法支撑钢管。

“混蛋！”张山咆哮着，绝望地将头枕砸向车窗玻璃，随后无力地瘫在椅子上直喘粗气，水位已经涨到下巴了，小丽正惊恐万分地趴在椅子上。

“老公，你看！”奇迹发生了，车窗玻璃竟出现了一条裂缝。原来在撬门时，玻璃被钢管压破了，这一砸裂缝变大了。见到这，张山顾不得疲惫，抱住头枕用尽力气将钢架砸向玻璃。一次，两次……再不出去，就永远没机会逃生了。哗啦啦，玻璃碎了！一股强大的水流涌进车厢，两人冷不防重重撞到副驾驶室门板上。张山强忍着剧痛，屏住呼吸把小丽从车窗塞了出去，然后自己扒拉着车子攀到车顶，然后大口大口呼吸，终于得救了！

暴雨仍下个不停，整条街变成了海洋，尽管站在车顶，但水已经淹到了膝盖处，而且水还在涨。

"快游过来！"一些站在路基上的群众向张山招呼，路基地势高，只有在那才安全。

望着浑浊深不见底的积水，张山懵了。一根枯枝漂过来，他退一步避开枯枝，一不留神人掉进水里。"救命！"张山呛了几口水，两手慌乱拍打着，他是个旱鸭子不会游泳，刚才全靠求生的本能，这才爬到了车顶的。

情急中，小丽竟跳进水里，虽然小丽会游泳，但身材娇小的她却架不住人高马大的张山。"甭管我，你快走！"张山吼道。但小丽却紧紧拽住他，死活不松开，挣扎中，张山感到两人正慢慢沉下去。就在这时，一只有力的手把他拉出水面，是消防救援人员，他们及时赶来了。

"你傻啊，自己只会几下狗刨，却跳进水里救我。"张山既感激又生气地冲小丽骂道。

"不拉上你来，谁陪我去民政局？！"

听小丽这么一说，张山愣住了，夫妻俩生与死都经历了，还要上民政局？

"结婚证都在水里泡坏了，去民政局补办呀。"顿了顿，小丽又说："你要是再那么固执，我还会跟你离。"听到这，张山咧嘴笑了："这个……一定改！"

这时，鼓楼传来钟声，十点整。

唐朝的假文凭

李予是唐朝京城的一个官员，这天退朝回到府邸，只见一个身材单薄的书生守候在门边，这人在此等了半天了。“你叫什么名字，在这干吗？”李予命轿夫放下轿子，问书生。“小民叫张俨生，想毛遂自荐在大人门下谋份小差。”书生回答说。李予本想不理睬，但见书生衣着单薄，在寒风中冻得直搓手，不由想起了自己当年穷困潦倒的样子，便起了恻隐之心，将张俨生带进府内。

李予打量了张俨生片刻：“先生说前来自荐，可有大作让我拜读一下？”听李予这样问，张俨生连忙点头，接着便吟出诗歌《远别离》，这是一首描写游子离乡的长诗，写得清绮绚丽，意境悠长，感人泪下，将一个游子思乡的心情刻画得淋漓尽致！

听完这首诗，李予一怔，眼前又浮现出自己落魄到摆地摊的辛酸。“这诗……”“诗是我写的。”张俨生接口回答说。接着他又连吟了几首诗，这些诗写得都不错。“除了写诗，你还会什么？”李予又问。张俨生告诉李予，他的记忆力很好，对数字过目不忘，还会记账，说着他又展示了自己的才能。

原来，读书人众多，仅有极少数人能通过科举考试这条独木桥，最终端上铁饭碗吃皇家饭。没谋到一官半职的书生，要吃饭，要发展，还得养家，那就必须有拿得出手的证据来证明自己有文化。这个“证据”放今天来讲，就貌似文凭了。然而古代官方并不曾对读书人发放各种毕业证书,书生们靠什么表明自己的身份呢?那就是作品。在古代,作品往往代表着“文凭”。特别是到了唐朝,书生们经常将自己创作的诗文写在卷轴上,送给官场显贵、名士要人,借此展现自己的才华,以期获得对方的青睐,得到师爷、谋士、账房之类的职位,挣点薪水养活一家老小。如果书生时运不济,穷到家徒四壁无米下锅了,这些文人在迫不得已时,往往会摆个地摊卖作品,管它后世值多少钱,先填饱肚子再说。

通过作品引荐,一些文人从而进入仕途,一路高升。当年“诗仙”李白也曾因为不愿应试做官,希望依靠自身才华,通过他人举荐走向仕途,就给当朝名士韩荆州写过一篇《与韩荆州书》,以此自荐。

眼前这位张生,正是拿着《远别离》这首诗作为他的“文凭”前来求职了。

李予闭上眼睛,犹豫片刻,还是同意让张偃生留下来,让其暂待府中。

“好,张兄的作品真绝了。”次日,李予下早朝回到府上,正好看见张偃生在众家仆和幕僚面前卖弄文采。见是李予回来了,张偃生慌忙收住口,尴尬地解释道,是众人要他吟诗的,推辞不过,只好随口念了几首。李予倒也不介意,只是微微一笑:“看你文采也不错,正好本官手上要做份奏折,你就帮我起草吧。”说着将手上的材料交给了张偃生。听李予这么一说,张偃生满脸困窘,他向李予解释,虽然他也能吟诗作对,但却是个不折不扣的慢才,只有在夜静时才能写出东西来。无妨,李予也不在意,自己并没急着交奏折,写出来就是了。说罢,便离去了。

张偃生神情复杂,接过材料下去了。

是夜,一条人影从李府的偏门偷偷溜了出去,向西市方向奔去,半晌才回来,出去的人正是张偃生。

第二天,张偃生将写好的奏折交到了李予手中,奏折写得条理清晰,层次分明,用词准确。哪知李予看后,摇摇头:“张先生,本府是个小地方,实在是没有适合你的位置，还请先生另谋高就吧。”说罢，命账房取来几两银子，赠与了张俨生。

“大人，不知您为何要辞退我？”张俨生大为困惑。“昨晚你上哪去了，自己心里最清楚吧？”一听到这话，张俨生顿时像泄了气的皮球蔫了下去，接过银两，一脸羞愧地离开了李府。

很快李予便将这件事忘了。

数月后，李予在府上设家宴，宴请他的一个远房表叔。这个表叔也是位官员。席中，表叔喝了两杯酒，不由诗兴大发：“贤侄，我新作了首诗，念给你听听。”李予连忙称“好”。哪知表叔一张口，便把李予雷倒了，表叔念的正是那首《远别离》！

“表叔，这不像您的风格呀，您的诗句风格粗犷，但这首诗却细腻悠长。”李予委婉地说。李予这个表叔，文采一般，行为粗鲁，还是靠着李予的关系才弄了个京郊的小官，若说会作诗，只怕作出来的都是打油诗。听李予一说，表叔呵呵笑了：“贤侄厉害，没想到一下就听出来了。没错，这诗不是我写的，是一个新来的门客写的，叫张俨生，文采不错。”接着表叔又告诉李予，张俨生起初投靠到李予门下，由于李予一时没有合适的位置安排他，见张俨生是个人才，这才忍痛割爱让给了表叔。这是张俨生跟李予的表叔说的。

李予一脸愕然，想不到张俨生的脸皮竟厚到这种地步，这时站在一旁侍候酒水的李予的妻子忍不住了，正想开口，被李予眼睛一瞪，不敢再吭声了。“可惜张俨生文采不错，却是个慢才，不过他记账能力强，我已经派他到田里收租了，干得还行！”表叔说道。李予听了点点头，没再说什么。

“官人，当初在宴席上，您为啥不告诉表叔，那首《远别离》明明是您二十年前所写，却被张俨生盗用，您干吗不说呢？”表叔离开后，李予的妻子不解地问。

二十年前，李予还是一介穷书生，穷困潦倒之际，他将刚写的长诗《远别离》放到街头摆卖，当时也没考虑太多，只想着填饱肚皮再说。后来，这首诗卖了个好价钱，李予靠卖诗的钱上京赶考，没想到竟金榜题名。其后，他又写了不少优秀的作品，这些作品让他在众官和皇帝面前大出风头，从此步步高升，一直做到三品大官。

李予听了也不气恼，当初张俨生来府上求职，李予本想戳穿对方的谎言，但见对方一副饥饿、穷困的落魄样，不由动了恻隐之心，随后张俨生又吟出几首诗，李予也拿不定后面的诗到底是不是张俨生亲手写的，并且在对话中他发现张俨生思维敏捷，又会记账，于是便留下他，打算察看数日再说。谁知次日见其行为轻浮，又好卖弄自己，便用奏折试出了对方的斤量，于是劝退了张俨生。

哪知张俨生打听到李予还有位表叔，便又拿着假“文凭”，投靠了李予的表叔。李予本想揭穿的，但这一来无异丢了表叔的脸面，再说表叔确实少一个收租管账的门客，于是李予制止了妻子。

“毕竟，《远别离》只是我未成名时的诗作，况且又已卖出。现在我已入仕途，留它也没用处，张俨生爱用就用吧。”李予告诫妻子，别再声张此事了。

一个月后，李予下朝回府，又有书生前来毛遂自荐，那书生也不管李予愿不愿意，上前一步便掏出首诗来：“此乃小民新作，请大人过目。”李予扫了一眼，不禁大怒：“这是我二十年前写作的，你是从何得来？”这正是李予的《远别离》！对方一听，随即满脸羞愧：“是从西市购来的。”说罢，捂面逃走了。

西市聚集着一群文笔不错的才子，这些人有才华却不屑为官，平日靠给别人写诗作稿为生。别看西市地方不大，但生意却红火。前面提到了张俨生夜晚从李府偏门溜出去，就是到西市请枪手代笔，结果被李予发现了。

李予哭笑不得，不想自己以前的作品传播出去后，竟又被枪手拿来抄袭转卖！

李予郁郁寡欢踏进府里，却见内人带着丫鬟在晾晒纸张，白花花的纸张满地都是。“这是干吗?”李予不解。内人忙解释说，连日阴雨，官人的诗稿已经长霉了，因此拿出来晒一晒。这些诗稿都是李予以前写的，李予随手抽出一张，顿时嘘唏不已。想当年，他为了出人头地，挑灯夜读，悬梁刺股十年寒窗苦读终于学有所成，过硬的文凭确实给他带来不少好处。然而，一旦达到目的，自己便再也没有刻苦学习了。作品再好，对许多人而言，也不过是块敲门砖而已，这些看似缥缈的敲门砖，关键时刻作用却不小，而一旦达到目的，便会被抛到一边去了。张俨生如此，自己又何尝不是这样?

“对了，官人，小叔子刚来过，见等不到你，他已经上路了。”妻子告诉李予。李予的弟弟经举荐，将到湖南为官，临行前特来跟兄长道别。妻子又说：“他见院里晒了不少您的作品，便借了几篇傍身用……”

樟木箱子有玄机

曾外公临死前，财产平分给了两个儿子——我外公和二外公，但没半年光景，好吃滥赌的二外公就把家产折腾得精光。

那时，外公刚结婚，他跟媳妇合计后，把二外公接来一块住，寻思帮二外公讨个会持家的媳妇。但二外公是个败家子，没人愿把闺女嫁给他，因此二外公一直单身。

一天晌午，外公经过五道梁去镇里收账，突然身后传来响声，一回头，黑洞洞的枪口已经抵住了他额头——土匪！令外公不解的是，五道梁下面就是村庄，乡里驻有保安团，之前土匪从不敢在大白天上五道梁的呀！

外公被押到了土匪窝，堂上坐着一个满脸横肉，瞎了只眼的匪首，这人就是当地的土匪头子秃眼雕。喽啰搜遍了外公的身子，除了点碎银子外，再没别的东西了。“俺是过路的穷人，身上就这点钱，大爷放了我吧。”外公恳求道。“放屁！甭以为我不知道你今天出门去收债！”外公心里咯噔一声，收债一事，自己昨晚只跟媳妇说过，土匪咋知道的？

见没油水，秃眼雕黑着脸下令将外公拉出去砍头。“大王别杀我，我让家里送钱来。”外公一听急了，喊道。毕竟秃眼雕没弄到钱也不甘心，他想了想：“好，三天内你家人要不送钱来，别怪我不客气！”然后命人把外公押了下去。

然而三天快过去了,家里啥动静也没有。外公又急又纳闷,按理家里收到信,是不会眼睁睁看着他送命的呀。

当天夜里,一个厨子送饭进来:“快吃吧,吃饱了才有力气上路。”厨子的声音很耳熟,外公抬头一看,怔住了:“你咋在这?”厨子竟是同村的张跛子,这人手艺不错,一直在镇上做厨子。张跛子告诉外公,自己也是被秃眼雕抓来的,见门外的守卫不留意,他悄悄推了推墙角的一块大青砖,青砖松动了,外公顿时明白过来,那里可以逃跑。

“晚上,咱俩一块逃。”外公压低声音说。张跛子苦着脸直摇头,自己一个跛子,走平地都不快,更别说山路了。两人一起逃跑只会连累外公,再说秃眼雕只是抓自己来做饭,还没打算要他的命。

“知道土匪为啥会清楚你的行踪吗?”外公也正为这事纳闷呢。张跛子凑到外公耳边,轻声说了几句,外公顿时瞪大了眼睛,满脸愕然,几乎不敢相信……

在乡亲的帮助下,外公总算逃出了魔窟。哪知刚下山,还没来得及松一口气,一场变故几乎将他击倒在地——家里之所以一直没送赎金,是因为就在外公被抓第二天的清晨,媳妇洗衣服时不小心掉河里淹死了。而那个不争气的二外公,仍不知在哪个赌局里鬼混。

经过这场变故后,外公像变了个人,沉默了许多。

“爹、娘,恕儿不孝哇。”埋葬了媳妇后,外公在父母的坟前痛哭了一场,说了这句话后,抛下所有家产只身去了省城。

时值兵荒马乱,外公在省城呆了好些天都没能找到活儿。这天,他饿得头晕眼花,经过一个小店铺时,只见里头一个年轻的女子急得直跺脚,原来女子是店老板,叫妮子,账房先生回乡时被抓去做壮丁,如今账目堆得像小山,今晚就得把钱结清,但请了好几个人,都不敢接这活。

“让我试试吧。”外公上前说。

“你要多少工钱?”妮子见衣衫褴褛的外公,一脸不信任。外公摇摇头:“给几个馒头就成,吃饱了便能开工。”妮子想想,将信将疑命人端来了馒头。外公狼吞虎咽吃完了馒头,一抹嘴巴,伸手要算盘。店员忙递过一副算盘,哪知外公手一摆:“一副不够,拿两副来。”算盘拿来后,外公卷起袖子,左右开弓双手将算盘打得哗啦啦响。当年,曾外公见外公聪明好学,记性好,在外公很小的时候便训练他用算盘了,同时打两把算盘,那可是外公的绝活。不到半天工夫,全都算好了。可把在场的人都看呆了。

外公拍拍手,正想离开。妮子伸手拦住他:“店里正缺人,先生就留下帮我管账目吧,我出大价钱请你。”外公茫然地摇摇头:“留下来管吃住便成了,工钱就算了。钱多了不会成事,反倒会害人。”一番话,说得在场的人莫名其妙。

就这样,外公留下来做了账房先生。由于外公干活踏实,人又灵巧,很快得到了老板妮子的好感。

转眼三年过去,国内的战事越打越激烈,战火很快烧到了省城,城里的人纷纷逃命。外公见待不下了,只好收拾行李回乡下躲避战火。妮子走过来:“你走了,我咋办?”外公告诉她:“这城里是不能再呆了,赶快投奔亲戚去吧!”这话一出,妮子眼泪直流,她一个亲人也没有了,父亲早在几年前病死了,整个店面就靠她一人支撑。后来我外公来了,才帮上她许多忙。其实,她早就暗暗喜欢上了我的外公。“带我走吧,难道你就忍心看我在炮火中送命?”望着妮子火辣辣的眼神,外公点了点头。

就这样,妮子跟我外公逃难回到了乡下,妮子后来成了我外婆。

回到乡下,二叔公早没了踪影,听乡亲们说,自打外公走后,除祖屋外,二叔公把所有的田产都变卖了,最后输得精光,乡亲也是好几年没见到他了,兴许早就死在外头了吧。所幸祖屋太破旧了,卖不出去,外公他们便在祖屋住了下来。

尽管日子过得清苦，但外婆没有半点怨言。一天，外婆发现老屋地下室里有个樟木箱子，是祖上留下的，祖上曾是富商，只是到了曾外公时才家道中落。箱子空空的，但很沉，细心的外婆用尺子量了量，偷偷告诉外公："箱子有玄机。"外公笑了，这箱子他一早留意过，哪来的玄机。外婆把箱子翻过来，用力一撬，果然，后面设有一层暗格，里面全是明晃晃的银元！

靠着这些银元，外公重新发了家，买了地，建起了碉楼，他把地都租出去，又成了一方的地主老财，重新过上了大富大贵的生活。

这年收成好，粮食丰收，外公把收成的十分之二送给了村民，条件是村中的青壮年得参加训练。乡亲还没弄明外公为啥这样做时，外公已经买回来几十条长枪，把村民组织起来练习射击。

半年后，秃眼雕不知在哪听到外公发了家，村民的生活都不错，便组织人马直奔村里。外公将村民藏进碉楼，组织村民反抗。这时，乡亲们才明白，国民党的军队节节败退，乡里的保安团也撤了，秃眼雕这才敢大胆地下山烧杀掠夺。我外公算到了这点，早早就做好了准备。

枪战持续了一整天，土匪吃了大亏，死伤过半。最后，秃眼雕也被打死了，五道梁的土匪从此散了伙，厨子张跛子也逃回来了。

这事之后，我外公成了村里最受尊敬的人。此时，我外公已经将钱财看得很淡了，每年的租金越收越少，大部分给了乡亲，自己只是象征性地收一点。平时，村民有困难了，外公都会主动去接济。尽管如此，外公的家产仍不见少，还逐年增加了。

外婆对外公的举动很不理解，外公告诉她，要不是张跛子，自己早没命了，自己的命还是村民救的，咋能忘本呢。尽管如此，外婆还是不太乐意，跟外公成天斗气。外公依然我行我素，不理会外婆的怨言。

这天，外公出去散步，回来时，只见他眉头紧皱，满腹心事。

"咋啦？"外婆问。外公告诉她，二外公还活着，听到他们日子好过了，竟又不知从哪冒出来。之前,外婆就听闻了二外公的劣迹,她想了想:“怕啥,祖上的家产都让他折腾光了,如今的家业都是咱俩挣下的,还怕他来抢?”外公摇摇头,一言不发地离开了。

没多久,二外公回来了,他还是老样子。一回来就跟我外公要家产,气得外婆直哆嗦,正想拒绝他,哪知外公说:“行,你要分家产,我给你,我有多少家产,就不会少你那一份。明天到村里的大榆树下,让全村的村民见证,我把家产都分了!”

听这话,二外公喜滋滋地离开了。

“老头子,你疯了?把家产分一半给他?”外婆跳起来,死活不同意。但外公并没理会外婆。第二天,他将村民召集在大榆树下,并请来村长等村中有威望者,当场把手中的田契撕掉了,仅留下两块地:“弟弟,咱们一家人口单薄,也用不了这么多地,剩下的两块地,你挑一块吧。”外公平静地对二外公说。在场所有人都没想到,我外公竟会把地分给了村民。“我没你这个兄长,从今天起跟你断绝关系!”二外公气得一跺脚,摔下这话铁青着脸走了。

村民心中感到不安,纷纷要将地退还给外公,但外公一口拒绝了。地契撕了,想还也还不了,村民只好暂时替外公保管着。“分地,也是分给自己一条活路啊。”外公说。村民听了一头雾水。

外婆见外公自作主张把地分了,一气之下没再理会外公,幸好这时我舅舅出生了,外婆才不至于跟外公离婚。虽说守着两块薄地,但外公一家并不缺少粮食,村民惦记着外公的恩情,一打下粮食,都往外公粮仓挑,拦都拦不住。村里有啥好吃的,也总忘不了外公一家。

分地后半年,全国就解放了,邻村好多地主受到了批斗,有的被枪毙了。我外公及时将地分给了农民,逃过了一劫。这时我外婆才理解外公当初分田的做法。

到了三年自然灾害那几年,村里许多人饿死了,但外公一家并不缺吃的，只要村民有一口吃的，都会省下一些送给外公。倒是二外公，饥荒刚开始他就饿死了。当听到二外公的死讯后，外公沉默了半晌，然后叹息道：“天作孽，犹可恕；自作孽，不可活啊。”

当年外公被绑票时，张跛子告诉他，是外公的家人给土匪送了信，说外公带有大量财宝，土匪这才冒险在五道梁劫走外公的。这事，是张跛子无意中听土匪说起的。起初，外公怀疑是媳妇干的，后来发现媳妇淹死了，他才想起，自己跟媳妇商量去收钱时，二外公解手正从窗前经过。自己媳妇死的那天早晨，还有村民看到二外公悄悄跟着嫂子到了河边。外公明白了，自己被绑票，媳妇被害，都是二外公干的，目的就是为夺家产，只是自己无法抓到有力的证据，外公在悲痛欲绝下放弃家产离家了。

再次发家后，外公对钱财已经看淡了，当二外公又出现时，外公知道他为了争家产还会使坏，为了保护家人，他索性将地都分给村民，彻底让二外公死了心。

外公这样做，不仅保全了一家人，还留下了美名，而且带家人渡过了一次又一次的难关。倒是二外公，作孽太多，最终活活饿死了。

讨个麻风婆子做媳妇

我曾祖父是个货郎,因为家里穷一直没能讨上媳妇。平日里,他将破屋子一锁,挑着货担走街串巷去卖货。

一天,他来到大矶子山下的王家庄。庄上人家不多,四处种了椿树,黄色的花朵挂满枝头。这时,一个面目慈祥的老太太招呼他喝水,曾祖父本不口渴,却又不好拒绝人家的一番好意,于是便喝了。哪知刚喝完水,还没来得及道谢,就一头栽倒在地。

待曾祖父醒来,他已被剥得赤条条,还被捆在案上,口里还塞了破布,旁边摆着热气腾腾的水盆子。糟了,曾祖父心一沉,知道自己中了圈套,只怕是凶多吉少了。以前就听说有肉店将人拐来杀了,偷偷掺入猪肉中做成丸子。这时,一个财主模样的人走来,仔细检查了我曾祖父后,满意地点点头:"这小伙子不赖,就用他吧。"然后示意家丁动手。

曾祖父挣扎着,但又喊不出声。却见家丁用热水给他擦净身子,松了绑,还给他换上新衣。"快去洞房吧,新娘子在里头等着你呢。"家丁们笑嘻嘻地把他塞进了后院的一间房子里。

房里点着大红蜡烛,借着烛光,只见里面布置得像洞房,床前端坐着一位披着红盖头的女子。见这,曾祖父一头雾水,财主到底想干什么呀?这时,女子揭起了盖头,竟是一个相貌美如花的姑娘!

姑娘看出了我曾祖父的困惑，说："大哥是被抓来的吧？他们要逼你跟我洞房呢。"

财主不是要杀自己吗，为啥逼自己洞房呢，这女子到底是谁，难道也是被那财主抓来的？曾祖父想着不由走过去。

"大哥别过来，还是快逃吧，我爹爹没安好心，他要害你。"女子开口说道。原来她就是财主的女儿，叫英子。这一说曾祖父更是摸不着头脑，既是财主的独生女，为啥财主要将她嫁给一个外乡的穷小子？

这时英子泪流满面，缓缓转过身，曾祖父看清了：英子的耳边长着大片红斑和丘疹，怪吓人的。

数年前，英子生了场大病，差点连小命都丢了。治好后不久脸上便长出大片红斑、丘疹，还搔痒无比，请遍郎中也不见断根，好了又反复。后来有郎中告诉财主，英子得的是麻风病，要医，只能用民间偏方了：找一个身体强壮、皮肤完好的男子跟英子洞房，英子就会痊愈，麻风便传给男子，不过男子不久就会得病死去。

英子心地善良，实在不忍心去害人，寻思再三还是道出了真相。曾祖父听后顿时出了身冷汗，要知道，麻风可是人见人怕的传染病。可是，自己逃走了，英子咋办？英子泪流满面，狠心摇摇头："你快走吧，别管我。"曾祖父感动得当场叩了几个响头，在英子的帮助下，逃了出去。

虽说逃了出去，曾祖父心里却一直惦记着英子，不知她咋样了。半个月后，我曾祖父偷偷摸到了王家庄。然而一到王家庄，他就惊呆了：偌大的村庄竟成了一片废墟，到处是断瓦残垣，村民也不知去向。

曾祖父找遍村庄，都没能找到英子的半点踪迹，只好带着遗憾离开了。

几个月后，曾祖父到外地卖货，看到一群小孩正在砸路边的一个乞丐，乞丐蓬头垢面，一身衣服破破烂烂的。曾祖父看不过去，轰走了小孩，掏出身上的馒头正要给乞丐时，他怔住了：乞丐竟是当初救他的英子。英子满脸是红斑和丘疹，说不出的骇人。

“到底发生了什么事？”曾祖父着急问道。英子告诉他，自打曾祖父逃走后，父母便生气地把她锁在屋里不让出来。半个月后，村里来了伙土匪，他们抢财物，烧村庄，还将年轻女子掳走。英子父母死在土匪手下，幸好英子得了麻风，这才没被掳上山。双亲惨死，自己又得了绝症，英子万念俱灰，将双亲草草葬在后山，然后流浪到这里。

我曾祖父一听，心里难受极了，上前便去搀扶英子：“跟我回去，只要有我一口吃的，就不少你的。”

英子忙往后退，自己是麻风病人，咋能拖累别人呢。

“我不怕，我的命还是你给的！”曾祖父态度很坚决。

就这样，曾祖父把英子领回了村子，村里的人得知他带回了个麻风病人，都怕被传染，死活不让两人住下来。无奈之下，曾祖父只好在山上小溪边搭个棚子，靠打猎为生。同住一个棚子下，曾祖父还是礼待着英子，虽说之前进过洞房，毕竟两人没有真正成婚。尽管生活清苦，在曾祖父的调理下，英子还是被养得白白胖胖，病情也一天比一天好转。不过，她这病始终没能断根，一到春天，身上还长红斑疹子。

这天，曾祖父上山去了，一直到晚上掌灯都没回来。英子着急得不得了，正要出门寻找，这时曾祖父回来了，还背回了一个陌生人。陌生人失足摔落崖底，被曾祖父发现救了回来。

第二天，伤者醒来，交谈中曾祖父得知对方叫刘大，采药时摔了。正聊着，英子端食物进来了，刘大一见她便怔了一下，英子是聪明人，知道自己的病吓着客人了，忙知趣退了下去。

“嫂子得这病多长时间了？”刘大望着英子的背影问道。曾祖父把自己和英子的故事一五一十说了出来。“秋冬基本不发病吧？”刘大又问。曾祖父点点头。刘大听了，沉思起来。

几天后，曾祖父起床，只见刘大的床空空的，他的腿伤还没好透呢，会上哪去？曾祖父迈出门，只见刘大正蹲在溪边忙活着，见曾祖父来了，高兴地说：“大哥，嫂子的病没准有治了！”真的？曾祖父听了半信半疑，麻风病哪能说治就治。刘大指着溪边的大片水草说，自己是郎中，专治疑难杂症，他认得这东西，这叫苜青，有止痒脱敏功效。他早就怀疑英子得的不是麻风病，如果是麻风，咋不见曾祖父也染上呢。再者，这病只在春天发病，秋冬就自行痊愈。春天正是树木开花的时候，刘大猜测英子应该是对花粉过敏，才长出像麻风一样的红斑。

这时，我曾祖父想起了，王家庄和自己村里到处是椿树，没准是它们引起的。但他又闹不明白，为啥英子小的时候不过敏？

刘大分析道，也许那是跟体质有关。英子生了场大病后，体质变弱了，这才对花粉过敏。

刘大用苜青熬汁给英子喝，并用中药精心调理，不出半月英子的病还真好了。转眼间，春天又来了，英子身上再不长红斑和疹子了，村里的族长见英子没事了，终于同意她住进村里。

然而一波未平，一波又起，刚住进村里，麻烦又来了。

这天曾祖父从外头回来，心事凝重。“咋了？”英子忙问道。

曾祖父伤心地直叹气，族长看中了英子，知道她没患麻风病，而且跟我曾祖父并没正式成亲，便动了歪心思，逼英子做他的三姨太。

英子听了心沉下去，这老家伙是村里不大不小的土财主，仗着有几个臭钱，在村里无恶不作。上次撵英子上山就是他的主意，难怪族长会同意英子进村居住了，原来是没安好心。但这人得罪不起，咋办呢？曾祖父急得像热锅上的蚂蚁。

“娶我，只怕他掏不出这么多彩礼来。”英子想了想，不屑地说。

话传到了族长的耳朵里，族长来了，头傲慢地一扬：“说吧，想要多少彩礼?”英子伸出三个指头:“我好歹是大户人家的女儿,谁拿得出缅甸翡翠镯子,南海珍珠项链以及和田籽玉雕件,我就嫁谁!”这话一出,在场的人都咂舌了,需知凑齐这几样东西,少说也得上千两银子。“是不是谁娶你都得这些彩礼?”族长眼珠子一转,不怀好意地问。英子肯定地点点头。“那他呢?”媒婆指着我曾祖父。我曾祖父顿时明白了这是个圈套。

屋内顿时鸦雀无声,大家都盯英子,只见她一字一顿地说:“他也一样!”

族长狠狠一跺脚,脸色铁青地离开了。

曾祖父一听,既高兴又难过,高兴英子不用往火炕跳,难过的是,自己也没法讨英子做媳妇了。

“大哥,我想明天去拜祭一下父母,你陪我一块去吧。”英子突然幽幽地说。曾祖父同意了。次日一早,两人回到了王家庄,哪知英子拜祭完后,直奔她宅院废墟,然后用步子丈量着。弄得曾祖父好生奇怪。这时英子指着墙根一处说:“该是这里了,往里挖,地板上面第三块青砖,有我藏的首饰。”曾祖父顺着英子指的地方,扒拉开青砖,里头果然有个檀木首饰盒;为了防山贼,以前的房子大都有暗格,当年土匪来袭,英子将随身首饰藏到了墙里。

紫檀木首饰盒打开后,里面全是缅甸翡翠、南海珍珠等贵重首饰,金的、银的、玉的都有,少说值几千两银子。曾祖父问英子:“咋没听你提起过这事?”英子低头不好意思地说:“没找到可依赖的人,这财物咋能随便外露呢。”说完,她瞄了一眼曾祖父。

“给你!”英子抿嘴一笑,将盒子递给曾祖父。“我不能要,这是你的东西呀。”曾祖父慌忙推开,一口拒绝了。“傻瓜,不接,那你拿什么来娶我?”说完这些,英子已是满脸红霞。这时,我曾祖父才反应过来,忙拿拳头敲自己脑瓜,不好意思地笑了。

靠着这些首饰,曾祖父回到村子买了田地、房产,然后选了个黄道吉日,风风光光将英子明媒正娶迎进新宅子。那一天,全村的人都被请为座上客。不过,族长没来,见英子嫁给我曾祖父这穷小子,他早就气得卧床不起了,不到半年就一命呜呼了。

曾祖父做货郎时走南闯北见识多,婚后,他又在县城置下了店铺做买卖,生意越做越大。发家后,曾祖父并没忘记村民,要是谁家有困难,他都会主动去帮助别人。

村里人都说我曾祖父好人有好命,这才娶了个“麻风”媳妇,找到了幸福。谁说不是呢!

大伯的炸弹

当年，我大伯插队到了荒凉的石岗村，咋都没料到跟村长较上了劲，而且弄来炸弹，把村长炸得人仰马翻的。

大伯读书时化学学得不错，不过没能等到高考，他便响应号召上山下乡去了，同去的知青中有位叫秀娟的女生，跟大伯来自同一个城市，长得肤色白皙，相貌秀美。

这天，天刚擦黑，秀娟从外面哭着跑了回来。到底发生了什么事？大伙着急地问她。安慰了好一会后，大伙这才知道，秀娟吃过晚饭在外散步，碰到了村里的王有根，王有根见四下无人，竟色眯眯地盯着秀娟，结结巴巴地问秀娟是否愿做他的媳妇，他保证秀娟吃香的、喝辣的，一边说着一边去拉扯秀娟。秀娟哪受得这了份委屈，当下就哭着跑开了。“这个老色鬼！”砰一声，就有知青将拳头重重砸在桌面上。王有根四十出头，是村里最大的官——村长，他老婆死去有些年头了，儿子王大民都17岁了，这王有根竟然打上了秀娟的主意！

骂归骂，大伙却想不到半点法子。王有根经常多吃多占队里的东西，村里人谁又敢吱一声？算了，以后小心提防，走一步算一步吧。有知青叹了口气。

“不能这样算了！得让他知道，咱知青也不是好惹的。”一直沉默不吭声的大伯沉着脸,开口了。

第二天大伙刚起床,就听见门闩一响,我大伯回来了,他一大早就溜了出去,只见大伯一脸坏笑:“这下可整到了王有根了,我弄了个炸弹,把他炸了个人仰马翻!”

“什么?! 你用炸弹把村长炸了?! 那可是要坐牢的呀。”大伙都急了。

“放心,他死不了,反正够他喝一壶的了。”大伯撇撇嘴。

村东头有口破钟,每天天蒙蒙亮时,王有根便死命敲打着那口钟,催村民下地干活;但那天出工钟近晌午才响起来。上工后知青才知道,天亮时王有根上村头的茅厕时,大伯悄悄跟上去,趁四下没人,搬起一块大石头砸进了粪坑里,王有根当即被“炸”得满身是粪。

得知真相后,知青们都笑得直不起腰来,好歹是出了口气。要知道,王有根是个大老粗,打心底就瞧不起从城里来的知青们,每次总把最苦最累的活分给知青干,大伙早就恨透了这家伙。

自打挨了“炸弹”后,王有根似乎收敛了些,不再缠着秀娟不放了,知青们渐渐放下了心。

半个月后的一天,轮到大伯给村里打牛草。天已经黑透,但仍不见他回来,难道出事了? 就在这时大伯一身是伤,浑身湿透地爬了回来。

原来,大伯打完喂牛的干草回家,经过竹林时突然被人用麻袋套住了,紧接着雨点般的拳脚落下来,打完了,王有根走出来,恶狠狠地说:“小子,别以为你是城里来的就了不起,上次的石头是你扔的吧,想跟我斗,你还嫩了点!”上次,大伯扔石头回去时,被村民看见了,王有根一打听,很快知道是谁干的好事。王有根命人将大伯痛打一顿后,然后抛进池塘,虽说池塘的水不深,但时值寒冬,大伯几乎冻成了冰棍。

被打后,大伯大病了一场,半个月才缓过气来。“还是别跟村长斗了,人家是土皇帝,咱胳膊拧不过大腿。”秀娟劝我大伯别再跟他较劲了,人在屋檐下，不得不低头啊。

不过，事情可没那么简单，就算大伯不跟王有根斗，王有根却揪着我大伯不放，将生产队最苦最累的事分派给大伯，让他去挑大粪，挖土方，把大伯整得够呛。王有根的用意很明显，就是要杀一儆百。果然，大伯被整得像换了个人，变得沉默不语，而其他知青为求自保，再不敢对村长说三道四了，只是苦了秀娟，王有根并未死心，总想将秀娟弄到手，吓得秀娟远远一见村长的影子，就吓得绕道而行。

天气渐渐凉了，转眼到了中秋节，村里放了几天假，知青都回去了，大伯也像兔子般逃回了城里。几天后大伯早早回到村里，拎着个麻袋进了村长的家。

“你来干吗？”王有根冷冷地盯着大伯，不屑地问。

“村长，是我不好，不该跟你拧巴。”说着，他提起麻袋，轻轻放到桌面上：“这是我从家里带来的特产，孝敬您的，村长给我换换工种吧。”王有根瞄了大伯一眼，心里得意呀，麻袋鼓鼓的，里面该有不少东西。“换工种的事，我会考虑的。”王有根说着，两眼盯着麻袋不放，大伯知趣地退了下去，出门时，他还特意将屋门轻轻关上了。

“啊……”大伯刚走出大院，身后立刻传来了村长杀猪般的嚎叫声。

大伯送给王有根的压根儿不是啥特产，而是整窝的马蜂！大伯在干活时发现了树上的一窝马蜂，趁着夜色将蜂窝罩进麻袋，扎住口子，“送”给了王有根。王有根还以为有便宜占了，没想到被蜇成了猪八戒。

大伯随即被抓起来，关到了村里一间旧柴房里，罪名是破坏生产，因为王有根好几天都下不了地，自然也没法敲钟了。为防止大伯逃跑，门上了锁，钥匙就拴在村长的裤腰上。

“大哥，是我害了你啊。”秀娟偷偷送饭来了，一见我大伯，她的眼泪哗哗直流。“哭啥，”大伯摆摆手想了想对秀娟说：“你照我说的做，保证这事能摆平。”然后隔着窗户跟秀娟低语几句，秀娟半信半疑离开了。

第二天晚上，王有根在村里的供销社喝了半斤地瓜酒，头重脚轻回去了。他心里高兴啊，抓了我大伯，这下再没谁敢跟他作对了。然而，他刚到家门口便迈不开步子了，一个黑影堵在那。

“谁，你想干吗？”王有根壮胆喝了一声。“是我！”接着传来我大伯的声音：“我要炸死你这王八村长！”王有根陡然一惊，酒气顿时醒了，没错，确实是我大伯，他不是被关在柴房吗，咋逃出来的？王有根正纳闷时，只见大伯手一挥，一颗雷管甩过来，随即一声巨响，王有根当即晕过去。幸好，炸弹只是把村长震晕了，并没伤到皮肉。

“小子，你竟敢用炸弹炸我。”村长醒来后，气呼呼带上民兵直奔柴房。

“我用炸弹？”待村长将来龙去脉说过一遍后，大伯苦笑一声：“我被关在柴房，又咋能出去呢？再说，自己又哪来的炸弹？”这话一说，村长倒是怔住了，他和民兵营长仔细检查了柴房，窗户好好的，铁锁也原样挂在门上，虽说柴房是旧房子，但仍然结实得很，连个老鼠洞都没有，根本就找不到大伯出去过的证据，难不成我大伯学会了遁地术，从地里钻出去的？村长像泄了气的皮球蔫了下去。村民都私下议论说村长喝高了，眼花，把别的前来寻仇的人当成了我大伯。

村长挨炸后，很快就把我大伯放了，而且没过几天，竟亲自上门来到知青居住的破瓦房，找到我大伯。

“啥事？”大伯一声不吭，斜眼望着村长。村长竟像换了个人似的，一改往日高高在上的姿态，讪讪笑着告诉大伯，他跟公社争取到了一个上大学的名额，这名额就分配给我大伯（当时取消了高考制度，只能靠公社推荐上工农兵大学）。这可是多少人做梦都不敢想的好事呀，哪知大伯听后一口回绝道：“我不去！”在场的人瞪大眼睛，不清楚大伯是不是犯傻了。“除非，多弄一个名额给秀娟，否则我不走。”大伯加了一句。

只见村长的脸白一阵红一阵，他狠狠一跺脚："好，我弄，给我滚远远的，别再让我看见你俩!"

就这样，大伯成了大学生，回到了城里，一同离开的，还有秀娟。

光阴似箭，转眼几十年过去了。神州大地借着改革的春风，有了翻天覆地的变化。但石岗村几乎还是老样子。

这天，王有根正在家门口晒太阳，他已经是七旬的老人了，儿子王大民跑回来："爸，县里来人了，专门看你来了。"王有根抬头一看，愣住了，这不正是当年插队到石岗村的我大伯吗?

"是你小子呀，该不是回来又冲我扔炸弹吧?"王有根一半正经一半说笑道。"爸，您说啥呢，人家如今是管林业的局长了，是专门给村里送致富项目来了。"王大民急了，忙跟父亲解释着。我大伯听了并不介意，而是哈哈一笑："老村长记性蛮好的嘛。"说着，拉起王有根的手亲切地交谈起来。

"石岗村是最偏远的一个山村，田少山石多，而且交通闭塞，村里经济基础又薄弱，之前都没人能把经济拉起来，如今怎样带领大伙奔上致富路?"交谈中，王有根一脸困惑地问我大伯。大伯站起来，指着远处的山："我研究过了，石岗村的土地偏酸性，旱地多，正适合种鹰嘴桃。我这次来，带来了一批果苗，还带来了农科所的技术员，"大伯顿了顿，接着说，"这些经过优化的品种，一年便开花，三年就挂果。一到春天，满山遍野红艳艳的，春天可以让游客来赏桃花，秋天又能卖果子，还怕经济上不来?"

"可是，道路不通，就算种了果子也出不去呀……"王有根还是有顾虑。"老村长，这您就放心吧。"我大伯告诉他，自己跟县里申请了一部分资金，又通过社会力量筹集了一些钱，下星期就动工，不久就会有一条崭新的水泥路通往石岗村了。

"好好，村民就盼这一天了。"王有根和在场的村干部激动地说。

临走时，王有根将我大伯拉到一旁："我有一件事一直闹不明白。你当年是咋从上锁的柴房跑出去的？还有，公社民兵营也没丢炸弹，那炸弹是打哪来的？”

听到这，大伯呵呵笑了，解释道：“我父亲是锁匠，我自小就看父亲开锁，啥锁弄不开？当年，我就用根铁丝就捅开了那把弹子锁，至于炸弹，也是我动手做的。”

“自己做的？”王有根一头雾水。

原来，我大伯读书时就喜欢化学，知道用木炭、硝石和硫黄混合可以制作土炸弹。大伯被关押在柴房时，木炭是现成的，至于硝石，柴房是老房子，墙壁上渗满了硝盐，刮下来就能用，大伯让秀娟在供销社买来硫黄粉，然后捣鼓出炸弹。不过，大伯只是想吓唬吓唬王有根，改变了火药的用量。这种土炸弹只能发出巨响，却不会对人产生伤害，所以当场就把村长吓晕了。

“好呀，原来你做的竟然是‘诈弹’，专门来吓唬我的，还真有你的。”王有根明白后，苦笑道：“我不就是想让秀娟做儿子的媳妇吗，竟让你炸得晕头转向。”

“什么?!”

大伯怔住了：“我还以为你打上了秀娟的主意呢，要不，也不会跟你较上劲了。”大伯惭愧地低下了头。

王有根笑了，不介意地摆摆手，这事自己也有错，一是没跟秀娟说清楚，二来对知青的关心也太少了，所以双方产生了误会。“对了，秀娟如今咋样了，她可是个好闺女呀。”王有根问道。

听他这一问，我大伯顿时涨红了脸，不好意思地笑了，大伯讨的老婆就是秀娟啊。“难怪当年跟我较狠劲呀，原来你这小子早就打上了秀娟的主意了。”王有根一听，恍然大悟，哈哈大笑起来。

“明年这时候，你跟秀娟一块来石岗村，看桃花吧。”王有根接着说。我大伯一愣，接着明白过来，咧嘴笑了：“一定来，等桃花开了，我和秀娟，还有当年插队过的知青一起来赏花。”

叔公下南洋

我叔公出生在广东沿海的一个小山村，自幼家贫。我爷爷很早就闯关东去了，叔公十五岁那年，太爷爷和太奶奶双双死于海难。叔公孤苦一人，不仅得不到乡亲们的关怀，还常受到村民的排挤、欺侮。时间长了，平日靠采药打柴为生的叔公再也忍受不了了，一天夜里，他偷偷爬上了一条货船，漂泊到了南洋。

正所谓否极泰来。

由于没文化，身体又瘦弱，叔公到南洋后只找到了一份在橡胶园割胶的苦差事，每天起早贪黑忙活。一天休息时，他突然发现橡胶树下长着一些低矮的，有不对称七片叶子，顶端开小白花的植物。"这有啥的，胶园里这种野草多的是。"其他割胶工不屑地告诉叔公。叔公也没吭声，凭他长年采药的经验，知道这是好东西，土名叫"七姐妹"，是救命良药，没想到千里以外的南洋也有这种植物。大伙听了不以为然地摇着头，南洋曾为殖民地，当地人看病都信西医，不擅长使用草药。

几天后的一个早晨，叔公正在割胶，突然传来"哎呀"一声，一个穿着光鲜的小孩，捂着小腿坐在那直叫唤，原来是橡胶园老板的儿子，偷偷溜到橡胶园来玩，不想被毒蛇咬了，这是条至毒的眼镜蛇，男孩的腿立刻肿得像馒头。这时老板赶来了，眼看儿子脸色发青，呼吸困难，急得他抱起儿子就想往医院送。

“慢,”叔公制止了他,“医院在十几里外,等送到那儿男孩早就毒发身亡了。”“那有什么办法?!”老板欲哭无泪。以前有工人被蛇咬了,也是这样送往医院的,正因如此好多工人都死在了半路上。

“让我试试。”叔公说着用一根绳子扎紧男孩伤口上端,用割胶小刀在男孩的伤口上划了一个十字小口,挤出蛇毒,然后用口吸出了里面的毒血,眨眼工夫叔公的嘴巴肿得像馒头,但叔公顾不了这么多,接着他从树下找来“七姐妹”,咀嚼后敷在男孩的伤口上面。奇迹发生了——刚才还痛得满地打滚的男孩,已经不再哭喊了,小半晌后,男孩乌黑的小腿竟慢慢消肿——男孩得救了!

老板一把拉住我叔公的手,感激得热泪直流。打这时起,叔公交上了好运,再也不用起早贪黑割胶了,老板见他人聪明,又送他进了私塾学习,然后让他在账房干活。到后来,叔公向老板借了一笔钱,开了片小店。凭着叔公的勤奋和聪明,他的生意越做越大,慢慢在南洋站住了脚跟。

十几年后,叔公名下已经有了十几间店面,是南洋一带有名的大老板,这时他已经娶亲生子,带着南洋妻子回到了老家的山村。

听说我叔公衣锦还乡了,山村顿时沸腾起来,大家纷纷赶来,一是为了目睹我那成了“地主老财”的叔公,二是看上了叔公那厚厚的钱袋子。

然而让众人大失所望的是,回来后我叔公竟一个子儿也没掏,既没送半个铜板给乡亲,也不肯为祠堂的修葺出一分钱。见叔公竟是个一毛不拔的铁公鸡,众乡亲骂骂咧咧正想离去,叔公却当众宣布:南洋一带的人不善经商,凡愿跟他去南洋经商的,他一律借款三千大洋,等生意赚了再还这钱。听叔公这么一说,村中有些人动了心,犹豫过后跟着叔公下了南洋。在叔公的悉心帮助下,下到南洋的好多乡亲都站稳了脚跟,仅有个别经营不善者回到村里,叔公也将这笔借款一笔勾销了。见有这等好事,越来越多的乡亲跟着叔公下了南洋。在叔公的帮助下，乡亲们开起了杂货铺。不出几年，南洋的百货几乎被叔公和乡亲们垄断了。

正当大家把生意经营得红红火火的时候，叔公提出了要成立广东商会，然后他理所当然做了商会的会长，接着他要求各家商行每年上交十分之一的利润作为商会的基金。这时，乡亲们恍然大悟：南洋开商行好赚钱，但仅靠叔公一个人管不过来，他便骗来乡亲们，假意借点资金给他们，叔公等乡亲们家业做大了，再从中抽水收费，坐收渔人之利！到了这一步，大伙可是进退两难：把生意退掉吧，眼睁睁看着自己一手打拼起来的产业，实在不甘心就这么丢了；不交吧，谁知道叔公还会玩什么花招？再说我叔公在南洋待久了，黑白两道都吃得开，一般人都不敢得罪他。这时大伙都猜想，我叔公年少时受尽了乡亲们的白眼和欺凌，如今把大家骗到千里之外的南洋，是个一箭双雕的计谋，他既报了仇，又借机赚了一笔！

“我不交，打死也不交，我挣的钱凭啥要上交？！”一个声音喊起来，这是村民方大柱，在我叔公的帮助下，他名下一家商店经营得还不错，如今他也是商会议员中的一位成员。听方大柱这么一说，乡亲们纷纷嚷着不交钱。

“不交也可以，不愿交基金的商行，请自行退出商会！”叔公脸色平静地说。人多壮胆，哗啦一下竟有大半商行退出了广东商会。叔公也不吭声，只是坐在那冷冷地笑道：“一群鼠目山民，不消数日，他们准会自动回来。”

果然，没几天那些退出商会的老板又乖乖回到商会，恳请我叔公给他们一次机会，要交多少基金他们马上交！叔公也不刁难众人，但凡交了钱的，仍属广东商会的一员。

原来，当时从外地进入南洋的货物，首先要在保税码头纳税后才能提取，叔公经商数年，已经跟当地政府建立了不错的关系，叔公在码头自建仓库，大凡在叔公仓库里提的货物都可享受税收优惠。如今，叔公将码头仓库改成广东商会后，优惠折扣就更大了，货物进出也更加快捷。以前商家到仓库拿货，都是从我叔公的仓库里提取的，只是叔公一直没说而已。如今他们退出商会，不仅享受不到税收优惠，而且进货、验货手续繁琐，一批货从广东运到了南洋，等完税出货后，至少得半个月。这一来，凡脱离了商会的商行根本别想赚到钱！无奈之下，那些自作聪明的老板只好回来请叔公开恩，重新加入广东商会。

大约半个月后，有一家商店周转不灵了，店主就是上次跟叔公唱对头戏的方大柱。尽管都是从山村出去的乡亲们，但方大柱找谁借谁都不肯帮忙。一来乡亲们手头的钱不够，二来大家认为如果方大柱的店倒闭了，自己也就少了个竞争对手，再说此时的生意没以前那么好做了，见利润丰厚，日本人也开始涌入南洋，着手经营杂货铺，不断蚕食着当地商行的地盘。

就在这时，叔公出面了，将全部人召集到商会："诸位乡亲，想必大家打心里都恨我，暗骂我借会长之名敛财，大家误会了，我这样做实属无奈！"说着，他举起一本账本，里面是商会收支记录。这时，众人才知道，叔公收取的基金一分钱没挪用，相反整个商会的运转还是叔公倒贴钱进去，而且乡亲们在商会仓库提到的货物，价格跟叔公自己提货是同一个价，叔公并未借此赚半分钱差价！

"这钱，是用来应急的，我提议拿出基金给方大柱应急，让他渡过这次难关！"叔公高声说。在场的乡亲都愣住了，当初闹得最凶的就是方大柱，干吗叔公不计前嫌反倒去帮他？

"还记得二十年前那场暴风雨，大伙将所有羊群赶到祠堂的事吗？二十年前，一场暴风雪摧毁了村里许多人家的羊圈，以往每到冬天就有许多羊冻死了，然而那年，羊群赶到祠堂后，竟没死一头羊，因为羊群挤在一起取暖，抵御了严寒。这就是抱团取暖的好处！"叔公神情严肃地说，"如今日本人正虎视眈眈盯着广东商会的地盘，不断蚕食大家的利润，如今方大柱倒下了，谁敢担保不会有第二个方大柱、第三个方大柱倒下去？所以，只有大伙团结起来，力量才更强大。”事到如今，大家才知道我叔公的用心良苦。原来，乡亲们虽然都是精明人，但却目光短浅、斤斤计较，只知道互相排斥。正因如此，叔公动用会长权力，逼大家上交了基金。因为有了基金，方大柱很快渡过了难关，后来，这笔基金又帮助其他的商行渡过了难关。

见这样，大伙对叔公收取基金的行为再无异议。然而不久，又发生了一件令众人摸不着头脑的事。

五月，天气越发闷热，叔公神情也越来越紧张。他特意请来当地经验丰富的渔民，观察了半个月的天气后，动用了商会基金，购进一车车白花花的大米，谁也不知道叔公这是要干吗，问他，他不说。

五月底的一天，一场几十年不遇的强台风袭击了东南亚，南洋大量居民的房子倒塌，蚂蚁般的灾民开始从四面八方涌过来。这时，乡亲们明白了，叔公算到了台风要来，早早囤积粮食准备卖个好价格。

当晚，叔公将所有商行的老板召集到商会：“从明天开始，各商行停止营业，在店门口支起粥铺，向灾民施粥！”听他这么一说，大伙愣住了，这可是各家商行省吃俭用攒下来的钱，要说帮自己乡亲渡过难关倒也说得过去，凭啥施舍给当地灾民？尽管大家都想不通，但还是一一照做了。

一时间，广东商会各商铺前面挤满了灾民，接着叔公又命人用基金购进防痢疾的药品分发下去。

“会长，日本人的商行被灾民抢了！”这天，方大柱跑进来说。奇怪的是，所有广东商行的店铺都是好好的。

“你现在明白，我们为啥要帮灾民了吧？”叔公反问道。叔公在南洋生活了几十年，知道树大招风，当财产多了，就会引发别人的不平衡心理，只有将赚来的钱财及时行善，投入公益事业中，帮助当地人渡过难关，这才能得到人们的认可和尊重。在这次动乱中，广东商行的善举使乡亲们的财产没受半点损失。

在当地政府和广东商会的携手努力下,灾情很快平息了,而日本商行却大伤元气,一些少数在冲突动乱中得以保存下来的日本商行,生意更是一落千丈——当地人记着广东商行的恩情,灾后只买广东商行的货。这全靠当初叔公的善举啊!

叔公五十岁那年带着乡亲们衣锦还乡了。这次回来,在他的号召下,各商行的老板纷纷捐钱。“会长,这次是捐钱修祠堂吧?”方大柱问。我叔公笑了:“不修祠堂!”他用集资的钱给村里铺上了宽敞坚硬的青石板路,还修建了学堂,请来有名望的教书先生,让周边十里八乡的小孩都免费上学堂。路通了,家乡满山的竹子被加工成竹器,转卖到海外。这一来,叔公的家乡成了方圆几百里最富裕的村子,而那些在学堂读书的孩子,后来有的成了富甲一方的商人,有的登科入了仕途。因为富裕了,为了防土匪,他们在当地建起了许多高大的碉楼,如今这些碉楼仍然矗立在广东境内。

叔公百年后,就葬在村子的后山,那座占地不过几平方米,简陋得不能再简陋的坟墓,就是我叔公的。叔公生前告诫家人:他的后事不得大操大办,省下的钱用于修路和扩建学堂。

军机处的小太监

巴延三，乾隆年间军机处一个小秘书，一次偶然机会，他竟成了史上因夜班飞黄腾达的第一人；当晚和他一起值班的鄂罗里，却差点丢了性命！

这晚轮到巴延三这个小秘书值夜班，一同留值的还有军机处的官员刘德亮，但刘德亮一时偷懒，便让他的干儿子——太监小鄂子鄂罗里顶了班。

已经深夜了，突然公公跑进军机处："今夜谁当值？皇上急诏！"听到这，两人顿时瞪大双眼，按理皇帝晚上是不办公的，急诏肯定有事。由于军机处再没其他人，两人只好硬着头皮跑到乾隆卧室，隔帘听旨。

原来西域兵变，边疆连夜送来加急文书，大臣都散朝回去了，乾隆只好召唤军机处的人。巴延三虽在军机处行走，但他既无多大文才，能力也不咋样，平时连皇上的影子都没见过，更别说面圣了，因此他弄得大汗淋漓。待皇上授完旨意，巴延三愣是一个字也没有听进去，回到军机处大脑一片空白，急得他满头大汗。

"没事。"小鄂子安慰道，方才他也跟了过去，皇上的话他记得一清二楚。小鄂子比巴延三早进军机处，而且他记性特别好，文才也不错，凭着记忆他很快将文书写好了。

文书交上去，两人大气不敢出，也不知道合不合皇上的口味。

乾隆重重一拍桌子，吓得两人跳起来。

“写得不错，你们叫什么名字？”“回皇上，臣叫巴延三。”巴延三如实回话。“你呢？”乾隆又问小鄂子，正当小鄂子答话时，突然公公上前禀报，有大臣求见，见这样，皇上摆摆手，示意两人下去了。

“小鄂子，这次多亏了你。”巴延三抹了一把汗。小鄂子笑了笑也没说啥，不过他心里可是无比得意。

几天后巴延三就调走了，小鄂子也没在意，毕竟在皇宫里伺职的大臣、太监不计其数，调换很是正常。

转眼一年过去了，小鄂子拿到了出宫令牌，办完事经过驿馆时，一个身穿官服熟悉的影子闪进了驿馆里，他愣住了：那不是当年的同僚巴延三吗？小鄂子好奇地跟上前，驿站守卫拦住他，小鄂子将军机处的腰牌一亮，守卫忙让他进去了。

见是当年的同僚，巴延三也很高兴，交谈中这才知道，当年就因为一次夜班，皇上记住了巴延三的名字，误认为其有才华，于是提名让他到外地做了知府，得知是万岁爷“推荐”的人，地方不敢怠慢。借着万岁爷的庇荫，巴延三青云直上，很快坐到了山西巡抚的位子。“多亏那次夜班，才有了今天。”巴延说道，“对了，你现在咋样了，万岁爷一定重用你了吧？”听巴延三这一说，小鄂子沮丧地摇摇头，说：“如今我还在军机处打杂，万岁爷根本不知道那份文书是我写的。”听他这么一说，巴延三只是心中暗喜，再没说什么。

小鄂子心里不是滋味啊！要不是靠着自己，巴延三甭说完成皇上下达的命令，只怕连脑袋都不保，到头来巴延三却抢足了风头，身为主角的小鄂子却坐上了冷板凳！

“哟，自个儿偷偷喝上了，不请我们？”回到住处，小鄂子越想越失意，早将师傅不可随便喝酒的告诫抛到脑后，自己喝起了闷酒。而此时，他的师傅刘德亮正好告假回乡了。见是军机处称兄道弟的小太监们，小鄂子也没想太多，拉上他们就喝起来。很快小鄂子舌头打结了，将上夜班被皇上急诏一事说了:“你们说说,这可是我的功劳,但万岁爷却提携了巴延三,反倒把我这个主角给忘了。”同僚们纷纷点头,随声附和,为小鄂子抱不平。

几天后的一个晚上,小鄂子正在值班,公公又来了:“皇上诏见。”赶到那,只见乾隆神情严肃,小鄂子大气不敢出,垂头站着。“那晚的文书,不是巴延三写的,全是你写的?”小鄂子点点头。

“好,我口授一段话,你马上写出来,让朕瞧瞧。”乾隆随口说了一段话。刚说完,小鄂子便一字不漏写了出来,只见他写的文书条理分明,字字珠玑。乾隆看罢,满意地点点头,然后又问了些军机处的文件,小鄂子都一一作答了。见这样,乾隆紧绷的神情不由缓和了些:“朕记住了你的名字了,下去吧!”小鄂子忐忑不安退了下去。刚出大殿,公公便眉开眼笑偷偷地说:“皇上心里认同了小鄂子了,日后就等高升吧!”

听他这么一说,小鄂子顿时乐晕了头。

听闻小鄂子又被皇上召见,众太监纷纷围上前问长问短,被众人一捧,小鄂子早就飞上了天,又将他被皇上召见之事添油加醋吹了一番。

几天后公公又来传,一见小鄂子,他神情怪怪的。

“这次该封我做什么官呢?”来到御书房,小鄂子正喜滋滋地想着,抬头一看,却见干爹刘德亮正低头束手站在皇上身边,乾隆皇帝则阴着脸。

“你平日是如何管教下属的,该如何处置他?”乾隆沉着脸问。刘德亮吓得全身发抖,扭头狠狠瞪了眼小鄂子:“臣该死,没管教好手下,臣恳请皇上开恩,赐死小鄂子!”

乾隆点点头:“也罢,看在当晚起草平定外域兵乱文书的分上,朕就赐你白绫和鹤顶红,你自己选吧。”

小鄂子一听如五雷轰顶,一屁股坐在地上。这到底发生了什么事?连夜起草平乱文书,巴延三升了官,他反倒要被皇上赐死。“皇上,微臣不明……”小鄂子挣扎着喊道,侍卫已经把他拖出了大殿。

刘德亮神情复杂地望了眼小鄂子，摇摇头，叹了口气。

“起初皇上不是说封赏吗，可你师傅一回来，却被万岁爷赐死了，还没明白是咋回事？”刚被押进偏房，平时的同事跑过来，扒在窗边看热闹，众人神情各异，有惋惜同情的，也有幸灾乐祸的。难道是刘德亮使坏？小鄂子不敢相信。

太监没有生育能力，老了处境往往很悲惨，为了老有所依，他们会认干儿子，但民间多看不起太监这类阉人，都不愿让自己的孩子认太监为干爹。因此，老太监只好认小太监做义子，这种现象在宫中很普遍，皇帝对此也是睁一只眼闭一只眼。这些年，刘德亮认了小鄂子做义子，并待他像亲生的儿子一样，可他为啥要这样做？

“以前认你做儿子，他是爹，如今你要是高升了，一不小心爬到他头上，那岂不是做了他的爹，你想他会同意吗？”有同僚挤出几句阴阳怪气的话，走了。

听到这话，小鄂子越想越觉得有道理，事情急转直下，只有一个可能，就是师傅使坏阻碍了自己的高升。“刘德亮，你不让我活，我也不让你好过！”想到这，他愤然咬破指头，在墙上写下了夜诏当晚，刘德亮逃避夜值，拉自己顶班的血书。

写罢，他将白绫悬在梁上，头伸进活套然后向后一蹬，身子立刻吊在半空。然而他双脚刚离开椅子，便啪一下重重摔倒在地——白绫竟断成几截！“天哪，我咋这么倒霉，不让我活倒也罢了，就连寻死都不顺利。”无奈，他又端起鹤顶红一饮而尽。毒药落肚，小鄂子顿觉翻肠倒肚，两眼一黑，啥都不知道了。

“这是哪，是阴间吗？”小鄂子醒来后环顾四周，自己躺在一间小木屋里。一位士兵笑吟吟地告诉他：“这不是阴间，是宁古塔。”小鄂子一听，倒抽一口气，宁古塔是朝廷发配流放犯人之地，地处辽东，荒凉无比，凡流放到宁古塔的犯人,十有八九都得在此终老死去!

士兵又说,是宁古塔统领王成海救了小鄂子,王成海还吩咐说,营中缺少一个管理册籍的文书,这事正好让小鄂子去做。听到这些,小鄂子满脸愕然,自己跟王成海非亲非故,两人素不相识,他干吗要救自己,还有,他又是怎样把自己救出来的?

“王大人呢?”小鄂子问。士兵指指外头,昨天半夜刚押来的犯人逃跑了,王成海带兵追赶去了。

“都统回来了……”忐忑不安等了近一天,天黑时营外响起了士兵的叫喊声。小鄂子喜出望外跑了出去,刚出营门却愣住了——王成海满脸是血被人抬了回来,早就断气了!原来王成海在追赶逃犯时不慎坠马身亡。小鄂子只觉得大脑一片空白……

皇城是回不去了,恩公王成海又死了,小鄂子只好留在宁古塔,做了管理册籍的文书。他慢慢地才知道,因为流放到宁古塔的犯人多是些文字狱犯人,以及因事犯上的政府官员,甚至还有在权力斗争中失势的皇室权贵,所以里面一些人犯的姓名是不能公开的,更不敢做册籍记录,怕的是册籍丢失导致事情外露。如皇室权贵这类秘密囚犯,押解到宁古塔后,只能靠管理文书的人将囚犯姓名、相貌牢记心中。

这一经手,小鄂子不由暗暗吃惊,眼前这些流放在宁古塔蓬头垢面的囚犯,当中许多竟是昔日朝中高官和宫中权贵!

转眼半年过去了,天气越发寒冷,京城又押送了一批囚犯,名单送到了小鄂子那里。其中一本小册子是盖了红章加“机密”两字,小鄂子明白,里面的犯人资料不能入册,只能强记在心中。打开封印,刚抽出其中一个,上面的名字就让他怔住了:刘德亮!小鄂子仔细看下面的资料,不由得浑身热血沸腾起来。他,正是原军机处,小鄂子的干爹刘德亮,因犯欺上瞒下之罪,被皇帝流放了。

小鄂子恨得咬牙切齿，透过窗口望去，外头的刘德亮干瘦的身体在寒风中瑟瑟发抖，一路颠沛流离，刘德亮早已羸弱不堪，头发也花白了许多。“好呵，刘德亮，你也有今天！”他在心中暗骂道。随即吩咐士兵：“把那人拉下去，重打五十军棍！”

可怜的刘德亮年纪已大，路上又得了风寒，哪经得住这般折磨，五十军棍打完，他早就体无完肤，晕倒在地。小鄂子还不想刘德亮这么快就死了，便让人将他抬进囚房养伤，待恢复后再慢慢折磨刘德亮。

半夜，士兵突然跑过来：“不好了，囚犯刘德亮快不行了，他嚷着要见你！”听到这，小鄂子有些懊恼，后悔下手太重了，以往在军机处，刘德亮对自己关怀的情景历历在目。虽然刘德亮害过自己，但毕竟是自己的干爹呀！

昏暗低矮的囚房中，刘德亮正侧躺着，背对着小鄂子。“小鄂子，你来了，你心中有恨，我不怪你。”刘德亮说。

小鄂子怔住了，自打刘德亮押到宁古塔，自己一直没跟他打过照面，他咋知道是自己来了？“没想到吧，你会落在我手上！”小鄂子恨恨地说。刘德亮翻过身：“我早就料到了有这一天。”“那你干吗要害我，要不是你在皇上面前说我坏话，我早就飞黄腾达了。”小鄂子越说越激动。

听他这么一说，刘德亮苦脸摇摇头：“事情不是你想的那样。”说着，掏出一截白绫，正是当初用来赐死小鄂子的那段白绫！

只怪小鄂子年少无知，见巴延三升官了，心里不平衡也想高升，便将值夜班的事抖出来，乾隆见生米已成熟饭，只能牙齿打落往肚里吞，将错就错了。

本来皇上也想找个合适的机会给小鄂子派个一官半职的，谁知小鄂子不知好歹，一出御书房又吹嘘不已，这事转眼传了出去，这下可把皇帝老儿惹毛了，乾隆于是下了杀心。

“不是你要杀我？”小鄂子瞪大两眼，“这可是同僚们亲口说的呀！”

“皇宫本是是非地，我在皇上跟前也算是红人，我和你又认作父子，宫中自然有人眼红，他们是故意从中挑拨是非呀！”刘德亮说。

皇宫里的太监犯了事，多半是被乱棍打死，然后抛尸宫外的荒野。但刘德亮护犊心切，恳求皇上看在小鄂子及时起草平定边疆文书的功劳上，赐小鄂子白绫和毒酒各一，由小鄂子自行了断。数年前有人摸入皇宫，准备行刺乾隆，结果被值班的刘德亮发现，皇帝才得以转危为安，看在这份上，乾隆同意了。

刘德亮在军机处待的时间不短，皇宫上下都有人，他买通库房的人，找来柜底积压腐朽的白绫，并将毒酒调了包，换成了麻药，这种麻药一旦喝入便气息全无，数天之内如同死人一般。

王成海是刘德亮的老乡，两人关系很铁。当年在刘德亮的举荐下，王成海这才成了宁古塔的都统。恰逢王成海进京押解囚犯，刘德亮便趁机将小鄂子的“尸体”藏在马车中，送至边陲。刘德亮一直把小鄂子当作亲儿子对待，见小鄂子惹上杀身之祸，只好出此下策冒着掉脑袋的风险救下了小鄂子。但没想到小鄂子却为了一时之气，将当晚值班的真相写在墙上，这事后来传到万岁耳中，刘德亮也被流放到了宁古塔，永世不再录用。

听到这，小鄂子一下跪在刘德亮跟前。

“还记得巴延三吗？”小鄂子点点头，“他后来升到了两广总督。”听刘德亮这么一说，小鄂子瞪大两眼。“不过他现在已经被削职为民了。”刘德亮接着说，“巴延三四处敛财，皇上大怒，将他削职为民了。巴延三尽管爬到了两广总督的位置，到头来还不是两手空空？你也一样，因为被心中欲望所蒙蔽，几乎连命都丢了，贪欲是魔鬼，你好好记住了。”刘德亮语重心长地告诫小鄂子，小鄂子羞愧地低下了头。

好在医治及时，刘德亮在小鄂子的精心护理下，身体慢慢恢复过来。经过这事，小鄂子一心侍奉刘德亮，心中再无杂念，半年后，刘德亮已无大碍。

这天,又有一批犯人流放到宁古塔,其中一位干瘦老头被士兵押进来,小鄂子看了眼他的名册,心中不由咯噔一声,这人曾是朝中二品官员,如今也削职流放至此,小鄂子在军机处曾多次听闻此人名字。"听闻你曾跟巴延三共事?"小鄂子问。听他这么一说,老头跳起来,骂道:"这个混账,凭着万岁的庇荫,上来就大肆敛财,就算做到了两广总督又如何,到头来还不是被万岁罢了官,成了平民了?!"老头虽没贪污,却受此事牵连,也被拖下了水。老头被带下去了,仍觉不解恨口中骂个不停。

"现在你都明白了,权重位高又如何,伴君如伴虎,没准一觉醒来,便被抄家流放了。"这时,刘德亮从里屋出来,"小鄂子,如今你也不赖了,不比巴延三差了,连二品大员都归你管辖了!"

听义父这么一说,小鄂子随即苦笑了,经过这次波折他已经明白:钱财权势都是虚的,只要好好活着,比什么都强!

张大山的低碳生活

房价太高,李明只好在城郊买了套商品房。房子是便宜了,可头疼的事也来了:这里的公交20分钟才发一趟车,发车时间长,坐车的人又多,李明人长得胖,每天为挤公交弄得疲惫不堪。

这天回来,李明刚下公交车,后面响起了喇叭声,他回头一看愣住了,原来是大学的同学张大山,他也住在这个小区。想不到这小子工作没几年,便房子、小车都置上了。"改天上我那坐坐。"张大山招呼道。

对呀,望着张大山离去,李明一拍脑袋,以后就不用再挤公交车了呀。两人的单位相距不远,自己上班可以坐他的顺风车。"两人既是同学又是邻居,上班捎带一程应该不成问题吧,反正一头羊是放,两头羊也是放。

想到这,李明不由跟了上去。

张大山把车停在车库前熄火后,然后一手打着方向盘,将车缓缓推进车库。"你干吗推进去?"李明好奇地问。张大山挠着头,困窘地说自己移车入库技术没学好,只能推车入库了。李明正想说搭便车的事,这时张大山手机响了,看到这,李明只好先回去了。

好在第二天是周末,李明买了礼品特意来到张大山家里,张大山夫妇热情接待了他。刚坐下聊了几句家常,李明开始说正事:"大山,跟你说件事……"话没说完,突然远处传来了悠扬的音乐声,音乐由远而近慢慢飘过来。一听这声音，两口子马上跳起来，以迅雷不及掩耳之势，一个抄桶，一个拿起泡沫海绵。“你在这坐着，我们去去就来。”说罢，张大山跟老婆匆忙跑下去了。李明一头雾水，忙跟着下去了。只见张大山打开车库，将小车推到门前的绿化带。原来音乐声是洒水车发出的。这时，洒水车已经开过来了，起初它的水枪还是细细地喷洒着绿化带，然后一到小车前，水喉马上变粗了，小车顿时被淋成了落汤鸡。水车一离开，夫妻俩拿起海绵飞快地擦起来，转眼半面车身擦得干干净净；这时，张大山将车子调转过来，刚弄完，洒水车又回来了，调大水喉，对着小车哗啦啦又冲了一遍，待洒水车离去后，张大山的车子已经光洁如新了！

回过头，见李明惊讶得合不拢嘴，张大山尴尬地告诉对方，在外头洗车，一次要40元，一周起码得洗一次车，一个月4次就得160元。林园所每周定期给绿化带浇一次水，绿化带要浇的水不多，与其白白浪费，还不如趁机洗洗车。张大山所在单位每月发一袋茶叶，刚好开车的王师傅也在小区住，这人嗜茶如命，于是张大山便拿茶叶送给王师傅，让王师傅每次浇水的时候，顺带拧大水喉把小车也冲刷一下，王师傅同意了。

说着，张大山已经把洗好的车往车库里推了。

李明抬头看了一眼，车库的卷闸门是带电动遥控器的，但张大山却用手动关门，也许是遥控器坏了吧！李明想到认识一个熟人是修理卷闸门的，便跟张大山说了，哪知张大山连连摆手：“不用，遥控好着呢！”见李明一脸纳闷，张大山苦笑着解释道，电费快涨价了，即将实施阶梯收费，自己改为手动操作，既锻炼了身体还能省点电费呢！

“不是吧？！张大山，你房子、车子都买了，又买了门店做车库，这么多钱都掏了，还差那点电费？”李明瞪大眼睛。

听李明这么一说，张大山一脸苦相直摇头：“房子是贷款买的，我本不想买小车的，但公交车少，坐的人又多，我因为挤不上车，上班经常迟到。无奈之下，只好又借钱买了辆小排量汽车。”“那你干吗还买门店？”李明问道。“门店不是我的，而是一个亲戚买的，租不出去，便暂时借给我放车，但门店的水电费要我自理。”张大山说。

“对了，你找我有事吧？”张大山突然想起来。李明吞吐着道明来意，听他这么一说张大山微微一怔，随即还是同意了。

转眼周一到了，张大山捎上了李明。

前面几十米处绿灯开始转红了，只见张大山连忙挂上空挡，让车子一路滑行到红绿灯下。“用空挡——省油。”张大山呵呵说道。过了红绿灯，便是老长的下坡路，只见张大山神情顿时紧张起来：他将钥匙一拔车子熄了火，挂上一挡，踩下离合器，然后轻踩刹车，左手抓住方向盘，右手用力拽紧手刹拉杠，全神贯注盯着前方。“天哪，你疯啦！”李明的头发顿时竖起来，汽车下坡时是绝不能挂空挡的，这样极有可能刹不住车导致事故发生。只见张大山耸耸肩：“这只是个缓坡嘛，怕啥？再说了，我正在不时轻点着刹车，还有我的右手随时搭在手刹上，一旦不对头，我就拉制动，松离合，车子便会停下了。”这一路，李明可是提心吊胆的，还好，总算是平安抵达了公司。借着惯性，张大山挂上空挡让车脱空滑行，漂漂亮亮地泊好了车。张大山不是说过自己移车入库技术不行吗？不过李明已没心思问了，下车后李明两腿直打颤，他已经闻到了刹车的焦味。

张大山神情轻松地拍拍李明：“没事，我每天都这样做，要不是油太贵了，我也犯不着这样省。这样下来刹车片的消耗跟油耗比起来，还是值得，毕竟小车有三保，刹车坏了厂家免费更换，但用的汽油得自己掏钱买。”

“晚上回家我再捎你。”张大山说。李明连忙摆手，他宁愿每天去挤公交车，也不敢再坐张大山的顺风车了。

望着李明的背影，张大山偷抹了一把汗，笑了，其实他的心也悬在嗓子眼呢！虽说是顺路，可多载一个人就得多烧一份油啊，况且李明那身板少说也有180斤,再说他坐顺风车也不是一天两天的事,但是碍于面子张大山又不好拒绝,只好下坡时冒险挂空挡把李明吓跑了。

几在后,李明刚出门便愣住了:只见张大山的小车竟塞满了坐顺风车的乘客!想起张大山开车的情形,李明就后怕,汽车脱空下坡,一旦刹不住车可不是闹着玩的!他正想追上去,张大山已经开车走了。李明忐忑不安地等到晚上,还好,张大山和一车人都平安地回来了,见大家下车离开后,他忙跑过去劝张大山。

“大山,我知道你低碳,为了省那点油你这样做不行啊!”李明诚心劝道。

“这样咋不行,才不是省了一点油呢,现在我一个月的油钱才100块。”

听到这,李明瞪大眼睛:“不可能,再省也不可能100块,除非这车是推到公司去的。”

“我在小区找了4个人拼车,每天接送他们上下班,每人每月给我100块,小车一个月油费500块,这样下来我只掏100块就行了。”“那你千万别挂空挡下坡啊!”李明心有余悸地劝道。“有人凑钱加油,自己犯不着再放空挡了。”张大山一脸肯定地说道。

听到这些,李明心里松了口气。

“来,搭把手。”张大山招呼道。见李明愣在那,又说:“帮我把车推进车库里,我好省点油。”李明听了哭笑不得,说:“张大山,真有你的,用浇花的水洗车,关掉遥控手动开门,还找人拼车,你真是低碳到家了。”

难为贡茶雾里青

一

明正德元年，一方帖子送到了玉林茶庄，老板方玉林抽出一看，顿时皱起眉头来：当今天子欲选天下名茶，以作进贡之用。为此，知府岐天要借此评选出当地的茶王，然后参选贡茶。

岐天是刚上任到石台县的知府，一到任，便借口修葺县衙浚通河道大肆敛财。石台县地处偏远，山高地薄，种的粮食不够糊口。所幸当地出产一种叫“雾里青”的茶叶，该茶远近闻名，当地农民多以茶叶为生，茶叶好卖也就催生了大小诸多茶庄。岐天一到任，便将茶庄刮去一层油！众茶庄敢怒不敢言，唯独一个大茶商吴儒，倒是主动巴结上了岐天，两人很快便沆瀣一气。

转眼谷雨，当地大小茶庄的老板聚集在府衙内，进行了茶王的评选。

“知府大人，雾里青虽好，毕竟是小地方的野茶，难登大台面，草民认为还是不参赛贡茶为妥。”一到府衙，方玉林劝道。岐天听到这话脸色一沉，冷眼瞪了眼方玉林：“休要多言，本官自有定夺！”然后上前宣布打擂开始。见知府大人主意已决，方玉林不好再吭声。

宽阔的大院内，每个茶庄都送上了自己最好的产品。几位身穿洁白衣服的“茶仙子”将山泉水舀入炭炉烧开，然后将茶杯放入陶盆中。

“白鹤沐浴。”此谓茶艺中的洗杯术语。茶仙子们边提壶冲洗陶盆里的茶杯，边解说道。

“观音入宫。”随着介绍，茶仙子们将各茶庄打擂的茶叶放入泡过的杯中，尔后悬壶高冲，开水均称地从高处落入，茶叶于杯中翩然起舞。

稍待片刻，茶仙子们拈着兰花指，又道：“春风拂面。”她们轻柔地拿杯盖拂过杯沿，伸手做了个请茶的手势，随后一一退下。

紧接数位茶博士上来——他们是当地一些德高望重，且对茶艺有极高造诣的茶道者。

茶博士们扫了眼台上的茶汤，摆摆手，下人便撤掉了部分杯子。看到自己的茶被撤下，茶的主人无不叹息摇头。当然，撤下去的，都是过不了第一关的茶叶。

要知道，评选茶叶优劣，往往通过一看二闻三品。

一看，看茶色如何。好的茶叶汤色明净，浅黄透亮，热气中一根根饱满秀丽的茶芽，竖立于杯中，犹如一群仙女在云雾中翩翩起舞。

目测过后第二轮便是闻。茶博士们用干净湿毛巾净脸，闭目深呼吸，吐出胸中浊气然后凑到杯前，逐一闻杯，随之交流心得。经这一轮，又有一批茶杯撤了下去。

几轮斗茶，诸多茶庄败下阵来，擂台上只剩下方玉林的玉林茶庄和吴儒经营的吴家茶庄，进入了决赛。

要想制作雾里青，得经抖、带、挤、甩、挺、拓、扣、抓、压、磨十种手工工艺，先后经37道工序，缺一不可。然而仅有工艺还不成，顶级雾里青只产于千米以上的高山岸壁，山上终年有雾，这些茶树与野生兰花、金丝楠竹为伴，受其花香浸润，才造就了雾里青的绝佳品质。而一千米以上的茶源，也仅玉林茶庄和吴儒的吴家茶庄才拥有。

桌面上摆上了玉林茶庄和吴家茶庄两杯擂茶，茶博士们用洁净的山泉漱口，细品；然后再吐出汤水，漱口再品。半晌，众人摇摇头，犯难了：玉林茶庄和吴家茶庄的茶叶不相伯仲，两家的茶叶均是全芽肥嫩，滋味鲜醇！

茶王只有一个，到底该选谁呢？“要不，将两家的茶叶一起送上去？”有人提议。

看来只能这样了，岐天正想点头同意。

“我不同意，胜者为王，一定得选出真正的茶王！”方玉林突然喊道。

“难道你有更好的雾里青？”众人追问。方玉林点点头，对身边的老张头示意了一下。这老张头是玉林茶庄的头牌师傅，自玉林茶庄创办就在茶庄炒茶了。只见老张头小心翼翼地拿出一只精致的小青花陶瓷罐，从里面抽出一包锡箔包裹的茶叶。老张头在众目睽睽之下，将茶叶泡开，这茶不仅有一种特殊的清香，杯中一缕白色的雾气袅袅上升，久而不散。细看，茶色青碧透明，一根根青翠多毫的茶芽，如旗枪林立，浅尝一口，竟是口齿留香，回味悠长。

“好茶，真乃绝世好茶！”众人品过之后，赞不绝口，若说前面的雾里青香味袭人，但只是留在舌齿间，这泡雾里青，却是清香直沁心脾！

“这茶是如何制作出来的？”众人惊讶无比。

方玉林笑而不语，此乃茶庄秘密，天机不可泄露。众人不好再问，吴儒则黑着脸下去了。

无疑，玉林茶庄胜出。

“东家，咱家雾里青夺得头筹，可喜可贺呀。”老张头很是兴奋。哪知方玉林却是眉头微蹙，得到未必是福，失去未必是祸，世事难料啊。

二

次日方玉林刚起床，下人便慌慌张张跑过来：“东家不好了，老张头家里出事了！”

等赶到老张头家里，只见老张头老泪纵横地蹲在地上：他最疼爱的孙子被人绑票了！

“报官了吗?”方玉林问。老张头神情痛苦地摇摇头，说:“报官没有用，是吴儒指使人干的。吴儒说了，一旦报官就甭想再见到孙子，欲保孙子平安，就拿打擂时茶叶制作工艺来换。”

“还愣着干吗，快去救人呀。”方玉林就要往吴家走去，老张头扑通一声跪下了，“不能说，这可是玉林茶庄的秘密呀！”方玉林瞪了老张头一眼:“还有什么比人命更重要的！”说着，他拔腿就往外跑。

果然，在吴家茶庄，大伙见到了老张头的孙子。

“吴儒，有啥事冲我来，别为难孩子，你这样做太卑鄙了！”方玉林气愤地说。

“我卑鄙?”吴儒哼道，“要不是你垄断了石台县大半优质茶源，我的茶叶也不至于贱卖到这地步。”听他这么一说，方玉林嘴角动了动，但始终没吭声。“我不跟你计较以往的事，只要把打擂茶叶的制作工艺告诉我，我立马放人！”吴儒又说道。

“其实也简单，我不过是在茶叶制作完成后，再加了道回火的工序罢了。”方玉林这才淡淡地说。

“不可能！”吴儒跳起来。谁都知道，雾里青的制作有一套严格的工艺流程:鲜叶、摊放、杀青、毛烘、摊凉、足烘、拣剔、补火。而吴儒也是严格地按照工艺流程制茶，却做不出玉林茶庄的那种清香。

“你只是做普通的回火。我问你，拣剔后的粗茶叶你如何处理?”方玉林问。

“当然是低价卖了。”吴儒想也没想回答道。

“那些挑出来的粗茶叶虽无卖相，但其茶味非常浓郁，我回火时烧的就是这些粗叶子。”方玉林道出真相，“茶叶燃烧产生的浓香又被锅中嫩芽吸收回去，正因如此，玉林茶庄才拔得头筹。”

说话间，玉林茶庄的下人已经抬来了一口铁锅。普通铁锅只有两个锅耳，而这口锅却铸有四只锅耳，锅底布满小孔，锅的半腰有一圈铁皮，将锅隔成上下两部分。这时两位强壮的茶工双手各执四只锅耳，架在火堆上。老张头在锅底放入挑拣出来的粗茶叶，然后在上半部分均匀抖入待回火的嫩芽。火苗舔着了锅底的粗茶叶，顿时一股浓香弥漫开来，老张头忙将一口木盖罩到上头，两位茶工提着锅在火堆上转了三圈后，老张头随即撤去底下的木柴，片刻揭去盖子，锅底的粗茶叶已经成了炭火，它燃烧时产生的茶香全被上半部的嫩芽吸收了！

原来如此！吴儒看呆了。见秘密到手了，他倒也没有食言，当即将人质放了。

三

“东家，是我拖累了茶庄呀！”回去后，老张头号啕大哭。“放心吧，”方玉林扶起老张头安慰道，“就算吴儒得到回火工艺，一样做不出好茶。你想想，现在是什么节气了？”

老张头顿时醒悟过来，今天谷雨刚过。只有谷雨期间采摘的茶叶才能制作顶级的雾里青，谷雨一过，茶树叶子疯长，品相、味道都会大打折扣。吴儒弄到了回火工艺，也炒不出和玉林茶庄相媲美的雾里青了。

不日，新茶下山了，雾里青的采摘制作都在山中，这样最大程度保证了茶叶的质量和鲜嫩度。茶叶送到山下玉林茶庄，用锡箔包裹后装入青花陶瓷罐中密封好，再由官府上封条护送到京城参赛。

“不好了，茶叶被劫了！”这天，方玉林正在家里品茶，忽见老张头踉踉跄跄跑进来。

原来茶工挑着制好的茶叶，下山途经蚂蟥林时，突然冒出一伙持刀蒙面歹徒。他们打伤茶工，还将数十箱雾里青茶叶一抢而光！事不宜迟，方玉林马上赶往蚂蟥林，只见茶工横七竖八躺在地上呻吟。突然，草丛中一把折断的刀柄引起了他的注意，这是茶工奋起抵抗，劫匪折断后丢弃的。见刀柄口凿打着“石台”二字，方玉林心里明白了几分。

很快，茶工包扎好了伤口，前去报案的家丁也回来了。知府岐天接到报案后，只是派人到蚂蟥林转了一圈，立下案子，之后便没了下文。

茶叶被抢后，方玉林马上动身去了镇里，将本打算装茶叶的上百个陶瓷小罐，退给了陶瓷铺子老板李恩吉。

转眼三个月过去了，天下贡茶评选结束，这自然轮不到雾里青。

四

这天，街上突然喧哗不已，一打听才知道，吴儒被抄家了，全家发配到边疆，知府岐天也被罢了官。据说两人是犯了欺上之罪才被抓的。

“东家您用啥法子，竟把吴儒和岐天搞垮了？”是夜，方玉林在屋内品尝着雾里青时，老张头好奇地问道。这茶，当然不是顶级的雾里青，最好的雾里青已经被吴儒半道劫走了。

“真正弄垮他们的，不是我，是贪欲！”方玉林纠正道。

其实，蚂蟥林的劫匪，就是吴儒勾结岐天干的。见自己炒不出顶级雾里青，又不甘心方玉林胜出，吴儒便打起了劫道的主意。古代刀具有其制定标准，如衙役多在城中执行公务，所携带刀具宽不过三指，为的是使用轻便。而军队兵勇所用刀具则是四指宽，发放及各地的刀具握手处均打制有地名。如现场遗弃的刀柄有“石台”二字，刃宽不过三指，说明这是石台县专用刀具。在古代，刀具属管制对象，无官府公文，铁匠不敢私铸兵器。吴儒见方玉林的茶叶下山了，再不动手便没了机会；情急之下，吴儒只好向岐天求助，从府衙中借来刀具，并让家丁蒙面劫走玉林茶庄的茶叶。岐天也巴望吴儒去参赛，而且又见到了吴儒奉上的白花花的银子，也没多想，就同意了。

雾里青一旦入选为贡茶，岐天便能借此中饱私囊，同时又可用雾里青为自己铺路捞官。吴儒夺得茶王，也可趁机挤兑玉林茶庄以及其他茶庄，然后垄断市场，低买高卖。正因如此，为了不让吴儒的阴谋得逞，方玉林这才拼力去争夺茶王。

得知茶叶被劫，方玉林马上找到石台县最大的陶瓷商李恩吉，大小茶庄向来在李恩吉店里采购青花小瓶包装雾里青，李恩吉是方玉林的好友。方玉林在退回的陶罐内壁涂上苦楝树汁，然后让李恩吉再转卖给吴儒。果然，不日吴儒便上铺子购买陶罐。

"可是东家，苦楝树汁味道浓烈无比，但从你退回来的那些青花瓶里，我却没闻到任何的异味呀？"老张头想破了脑袋也没弄明白。

方玉林拉开抽屉，这是一把芷菁草，生长在山野溪边。这种植物最奇妙之处，在于它能掩盖任何强烈的树汁味。苦楝树汁中加入芷菁后，顿时变得无色无味，一个月后芷菁挥发殆尽，苦楝树汁的苦涩味这才从下面散发出来，此时茶叶早已封存入罐，正在运往京城的路上。方玉林曾帮过一个老药农，这法子是药农告诉方玉林的。

茶叶吸附能力极强，很快便将苦楝树汁吸收进去，此时雾里青再无甘醇滋味，仅剩难言的苦涩味，冲泡的汤色更是混浊不已，根本无从入口。

评选贡茶的正是岐天当年的考官。岐天花大把银子打通关节，力荐雾里青，考官听信了岐天的话，见茶叶由锡箔密封，也没多想便直接送皇宫参选。这一来，考官也惹上麻烦了，一气之下参了岐天一本，将事情全推到岐天和吴儒身上。

"虽然岐天和吴儒罪有应得，可惜雾里青也彻底失去了参选贡茶的机会了。"老张头叹息道。

"不！"方玉林摇摇头。说实话，落选贡茶正是他所期望的。起初玉林茶庄夺得擂主，方玉林正犯难如何让雾里青在评选中落败，操作稍有不慎便会掉脑袋,不想岐天和吴儒帮上了忙,半道劫走了茶叶。

老张头愣住了,不解地问:“入选为贡茶不是天大的好事吗,干吗要让雾里青落选?”

“一旦选为贡茶,普通百姓再无缘尝到雾里青了。”方玉林顿了顿,“你也知道,雾里青采摘时间是在四更到太阳升起这段时间,为保证茶叶质量,茶农吃住在山野,每天被蚊叮虫咬,艰辛不说,一旦成为贡茶,只怕他们连饭都吃不上!”

“咋会呢,成为贡茶卖价不是高了吗?”老张头想不通。

“贡茶是给皇帝专用的,皇帝要的东西还会付银子?顶多就是用当地赋税抵消,赋税到了当地府衙,还不是被官员任意拖欠,以各种名目中饱私囊,到头来茶农只会落个两手空空的悲惨下场。所以入选为贡茶,对农民来说反倒是个灾难!”

听方玉林这么一分析,老张头明白了。“听说您要调整今年的茶价?”他又问。

方玉林点点头:“明儿就抬高收购价,同时降低卖价,让更多百姓喝上雾里青。”说罢,方玉林呷了口茶,忽觉杯中茶汤竟比打擂胜出的那泡茶更甘醇!

五

世事难料。

次年,石台县新知府上任,品尝雾里青后,觉得味道甚佳。于是他回京时送了几罐给恩师,其恩师一尝,惊为天物,后竟传到皇帝手中。正德三年,雾里青终成贡茶,专供皇家御用。

从此,石台县再无玉林茶庄。据说方玉林隐居于南方的天青峰,在山中过着终日以茶为乐的生活。

吃　相

一

洪武十三年，一天退朝后，丞相胡惟庸屁颠屁颠跑过来：“皇上万岁，微臣特意请了名厨，专为皇上做了几道菜，请皇上移驾到寒舍品尝。”

这些天，朱元璋正好胃口不佳，吃啥都味同嚼蜡，而且他知道胡惟庸喜欢吃喝，是个不折不扣的吃货，一听，马上同意了。

到了相府，刚坐定，厨师便端上几根黑乎乎的焦炭。“木炭也能吃？”朱元璋瞪眼正想问，厨师两手一折，金灿灿的箔纸从木炭中掉出来，扒开箔纸一股异香飘来，里面滚落出拇指大小金黄色的小鱼。朱元璋用银箸夹一根送进嘴里，顿时满口酥香。

“不错！”朱元璋点点头。

“这是绝壁鱼。”胡惟庸介绍道，“绝壁鱼最奇特的地方是产卵前肉质坚硬，产卵后肉质鲜嫩无比。此鱼采自太清山瀑布之中，每年一定月份绝壁鱼会逆流而上来到太清山产卵，鱼的腹部有一个小吸盘，游到瀑布底部后，它们用吸盘吸住岩石慢慢往上挪，一边挪动一边利用水流冲刷排完卵后，最后到达瀑布中部悬崖处的一处水洼处，一天后便会死去。捕鱼人冒险拴着绳索从崖顶溜下，将鱼及时捕来，再配以名贵中草药，用金箔纸包裹塞入挖空的檀木中，然后用文火烘焙制作成菜。”

“这道菜得花费许多银子吧？”朱元璋笑问。

“只要皇上您吃得开心，花再多钱也值得。”胡惟庸谄媚道。

这时，第二道菜上来了，瓷盘中一小碟肉片码得整整齐齐的，这是猪腿肉。一听这玩意，朱元璋连连摇头，猪腿肥腻，平日在宫中他从不点这道菜。

“皇上还是先尝一口试试。”胡惟庸建议，“这可是精心制作的翡翠猪腿，绝非普通猪腿。”

猪腿肉是绿色的，朱元璋试着尝了一口，肉片竟然肥而不腻、爽口鲜美。

“猪脚除了皮就是肥肉和筋络，肥腻不说，如果炖久了口感发绵，时间不到又会味同嚼柴。但这碟猪腿肉却特别清爽鲜脆，入口冰凉。这些猪是专门在城郊圈养的，每天有佣人拿鞭子轰着猪群跑上两小时，这样经天天奔跑猪腿肉质非常结实；制作时烧水放入佐料，水开将猪腿投入汤汁氽水后又迅速捞起，接着再投入冰块中，如此重复三次，骤冷骤热间，猪腿的毛孔猛烈收缩，油腻便被挤出来，最后浸泡在刚摘下的黄瓜的汁液中，这一来猪腿肉质便鲜爽可口了。”

“好吃。”朱元璋放下银箸，“如今并非寒冬，哪来的冰块呀？”

胡惟庸得意地笑着说，他在府中挖了一个深达数十米的地窖，将冬天采来的冰块窖藏其中，这样在夏天就能吃上可口冰镇的食物了。

朱元璋一听来了兴趣，动了去观赏冰窖的念头。“皇上龙体为重，冰窖既湿滑又寒冷，您还是别下去了。”一听朱元璋要看冰窖，胡惟庸的眼神中闪过了一丝不安。这时，一道道菜上来了，胡惟庸忙将朱元璋的注意力引到菜肴上面。

望着一桌子精美的食物，朱元璋感慨道：“爱卿，这一桌菜下来，怕抵得上普通人家一年的开销了吧？”胡惟庸站起来作揖道：“只要能让皇上吃得开心，吃得开胃，花再多钱也值得。”朱元璋听得乐呵呵的。

二

“皇上您还记得当年，我跟皇上，还有伯温三人追击叛军三天三夜，跟大部队走散了，后来拔了瓦罐寨正在开饭时，不料敌军来袭，一番混战中跑了汤元帅，最后生擒窦将军。”胡惟庸回忆道。

“朕当然记得。”朱元璋哈哈一笑，目光陷入了沉思中。当年朱元璋误中敌军伏击，混战中跟大部队走散了，身边仅有胡惟庸和军师刘伯温跟随。三人在山中转了几天，饥饿不堪的他们偷了一把青豆，用破罐子煮食，豆子刚熟，突然一头野兔从身边跑过去，三人误以为敌军来袭，慌乱中打翻了瓦罐，汤水漏光了，三人只好捡地上的青豆充饥。

“以前饿怕了，如今安定下来，我年纪也大了，微臣啥也不想，就想尝遍天下美食此生就足矣。”胡惟庸一脸诚恳地说。朱元璋听了点点头，表示赞许。

胡惟庸突然想起什么，拍拍手：“微臣差点忘了，上酒，为皇上献舞。”堂下一位黑脸汉子出来行过礼，拿小鼓敲击起来，只见一群穿着衣服的小猴子跳进来，其中一只猴子双手举着托盘，托盘上有银杯子。黑脸汉子敲了一下鼓，又一只猴子跳出来，它接过汉子手中的玉壶，往杯子里倒上酒，接着举托盘的猴子跪行到案前，高举托盘向朱元璋敬酒。胡惟庸贵为丞相后，每天吃的是山珍海味，喝的是琼浆玉液，而且宴席中少不了美女、歌舞相伴，胡惟庸仍觉不过瘾，甚至不惜重金招天下异人，驯化动物在宴席间表演节目。半年前，胡惟庸在京城碰到这位驯猴子人，于是带进府中。

“此乃西山灵猴，颇具灵性。”胡惟庸告诉朱元璋。接着鼓声一响，众猴子竟纷纷排好队，随着鼓乐跳起了舞蹈，尽管猴子的队形并不整齐，动作笨拙不已，但却惹得众人逗乐不已，朱元璋更是胃口大开，开怀畅饮。

“朕听闻西山有猴，灵性颇高，你是如何捕获灵猴，并加以驯化的？”朱元璋好奇地问。

“禀报皇上，”黑脸汉子解释道，尽管灵猴很狡猾，但却贪吃北京的水蜜桃，但桃园多有农户守卫，猴子不易窃取。黑脸汉子买来桃子每天撒在桃园附近，任由猴子捡食，起初猴子还很小心，慢慢发现没有危险了，便下来捡桃子。半个月后，黑脸汉子在草丛中布下一张巨网，待猴群进入后，将其一网打尽。

“看来，灵猴再狡猾，还是败在贪婪上面呀。”朱元璋若有所思地说道。可它们为什么不会逃跑呢？他看堂下的灵猴并无绳索束缚，却规规矩矩听从黑脸汉子的指挥。朱元璋又困惑地问道。

黑脸汉子又说，灵猴抓回来后，每晚喂以美酒，时间一长，灵猴都上瘾了，即使逃回山中，一身酒味，往往会受到野外其他灵猴的攻击，而且每晚酒瘾上来灵猴子难受不已，于是又主动回来了。

“爱卿，亏你想得出这招。”朱元璋听罢哈哈大笑。

三

半个月后，胡惟庸兴冲冲跑进皇宫，一进门就高喊：“皇上洪福，皇上吉祥呀！”

“有何洪福？”朱元璋一头雾水。

“微臣府中井里突然涌出了醴泉，这是大明的祥瑞呢！”

醴泉就是带酒味的甘泉，常饮醴泉，能延年益寿。出现醴泉可是吉兆呀！朱元璋马上移驾前往胡府。

来到胡府中，一口水井正喷着泉水，空中弥漫着淡淡醇香的酒味。胡惟庸拿过杯子亲自舀了一杯端给朱元璋。

杯中泉水清澈透明，朱元璋端起杯刚要喝却又放下，胡惟庸两眼紧张地盯着。“胡爱卿，你发现醴泉有功，这杯就赐给你喝吧。”说着示意胡惟庸品尝。

胡惟庸顿时愣住了:“这,这可是微臣专为皇上准备的呀!”

“专为朕准备的?!”突然朱元璋脸色一沉,甩手打翻了银杯,泉水很快渗入沙土中,众人正在惊讶间,在阳光的直射下,水渍中有东西蠕动起来,细看,竟是一尾滑溜溜透明的虫子!

“胡惟庸,你好大胆子,竟敢对朕下蛊!”朱元璋一拍桌子,喝道。

“你是怎么知道的?”胡惟庸大为吃惊。

当年胡惟庸跟着朱元璋由于逢迎有术,渐得朱元璋宠爱、信任。朱元璋平定江山后,到了洪武十年,胡惟庸进左丞相,独揽丞相之权。后来胡惟庸又被拜为右丞相,居群官之首,权势更是显赫。

随着权势的不断增大,胡惟庸日益骄横跋扈、为所欲为。内外诸司所上的奏章,胡惟庸必先取阅,对自己不利的,就隐匿不上报。他任意提拔、处罚官员,各地喜好钻营、热衷仕进之徒、功臣武夫失意者,都奔走于他的门下,送给他的金帛、名马、玩好,不计其数。胡惟庸一时间权倾朝野,许多人都看他脸色行事,敢怒不敢言。

尽管身居高位,但胡惟庸仍不满足,对权力欲望的越发膨胀,甚至打起了皇帝的念头,虽然不时宴请皇上,胡惟庸还是不敢轻易在食物中下毒,一来朱元璋饮食都会使用银器,银器能测出毒物。二来,觊觎皇位的并非胡惟庸一人,毒杀皇帝后,胡惟庸未必控制得住局面。于是,他便在银杯中下了蛊,蛊不是毒,是虫子的一种,银器检测不出来。银杯有暗格,舀入泉水后胡惟庸按动杯底机关放出蛊虫,这种苗蛊一旦进入人体,便会爬入人的大脑控制人的神经。到合适时候,胡惟庸便会逼朱元璋把皇位让出来。

“你以为你所做一切能瞒得过我?”朱元璋冷笑道。他早就察觉到胡惟庸的心机,只是念及多年的交情,朱元璋并未马上下手。“如果我没猜错,你的兵器和黄袍就藏在冰窖里吧?”

胡惟庸再次愣住，随即恶狠狠地说道：“没错，我是想谋反，但你现在知道太迟了。识相的，马上下诏书告天下，将皇位让给我，我可免你和族人不死。”他手一挥，窗下早已埋伏的士兵蜂拥而入。

朱元璋冷笑一声。突然外头传来几声炮响，一名将领慌张跑进来：“不好了，大人，外头几千士兵把相府围得水泄不通！”

“把朱元璋捆起来，只要皇帝在咱手上，谅他们也不敢轻举妄动。”胡惟庸气急败坏地吼道。两名士兵听令刚上去，两把薄如柳叶的飞刀斜飞出来，士兵顿时被切断喉咙送了命。一条黑影一闪，胡惟庸脖子下多了把寒光闪闪的飞刀——驯猴的黑脸汉子！

“你……”

“他叫张元春，是宫中大内密探。”朱元璋不紧不慢地开腔了。张元春不仅擅长驯化猴子，而且武功高强。朱元璋察觉到胡惟庸有二心，便让张元春设法潜入相府，摸清了胡惟庸的全部秘密。

“杀了他们，本府重赏黄金五百两！”胡惟庸不甘失败地喊道。几个不知好歹的家伙冲上来，转眼又葬身在张元春的飞刀之下。这时厚重的堂门被推倒了，救驾的队伍冲进来，叛军很快被制服了。见大势已去，胡惟庸无力地瘫软在地。

胡惟庸因谋逆罪被判死刑，当日处决。行刑前朱元璋命人送来了食物：那是几枚鲜红的水蜜桃和一瓶美酒，看到这些，胡惟庸顿时泪流满面——因为贪婪美食，灵猴失去了自由；而自己贪婪虚无的权力，最终连命都丢了！

太监也玩PS

光绪三十三年(1907年)的一天,慈禧闲来无事,在太监李莲英陪同下到后花园游玩。他们进入一个小园子,只见几位小太监蹲在花丛后面,正聚精会神地看着报纸,根本没发现慈禧的到来。

李莲英沉着脸哼了一声,小太监们发现老佛爷来了,慌忙将报纸藏到身后。"在看什么?"慈禧冷冷地问。小太监颤抖着将报纸递上,慈禧一看,顿时勃然大怒:"这可是真的?!"李莲英伸长脖子一瞧,不由大吃一惊——这份报纸的头条刊登了广东总督岑春煊的相片,他身边站着两个人,乖乖,这两位是梁启超、麦孟华,他们可是维新党人,慈禧太后的死敌!当时照相技术已经随着西方文化传入了中国,并且推广开来。

"报纸哪来的?"慈禧黑着脸问,小太监们哆嗦着说,报纸是在宫外买的,如今各大报纸都刊登了这条消息,他们也不敢相信,堂堂总督大人,竟跟梁启超他们是一伙的。

果然,慈禧命人一找,天津、上海等地出版的报刊都登有这张岑春煊与维新党人亲密接触的照片!"传我诣意,革掉广东总督岑春煊的官职,马上羁押进京待审。"望着报纸,慈禧怒不可遏地喊道。

"太后,据说岑春煊这人为官清廉,疾恶如仇,对那些贪官污吏恨之入骨,敢于直面弹劾。奴才听闻,当初岑春煊任四川总督时,就一下子弹劾三百名地方官员。后来他到广东任总督，又罢免了一千多名不称职的官员。以致朝中皆称岑春煊为“官屠”，会不会是树敌太多，这才招致仇家的报复？”李莲英低声劝道。

慈禧一听也犯难了，她也知道岑春煊是个忠心的官员，光绪二十六年（1900年），八国联军攻占北京，慈禧仓皇出逃，还是岑春煊保驾的。因此，后来慈禧钦命岑春煊为广东总督。“眼见为实，各大报纸头条都把相片印出来了，这还能有假？除非能找到更好的证明，否则他就是乱党。”听慈禧这么一说，李莲英也不便再说什么了。

“来，各位昔日同僚们，为岑春煊的落马干一杯。”岑春煊被革职押往京城的消息转眼传遍全国，那帮曾被弹劾过的官员此时聚集一堂，正在庆祝。这些官员不甘罢休，于是想到联合出钱，请人把仇家岑春煊拉下马来。要知道，慈禧最痛恨的就是六君子这些维新派，岑春煊跟他们扯上关系，这下就算有九颗脑袋也难保小命。

几天后，岑春煊便被押到北京，关在地牢里。“岑兄还好吧？”是夜，李莲英买通守卫，悄悄进来了。“李兄救我。”一见是好友李莲英，岑春煊连忙喊道。岑春煊原是朝中重臣，跟大内总管李莲英有交往，两人关系不错，一直以兄弟相称。

“知道是谁害你吗？”李莲英问。岑春煊点点头，他得罪过的人多，本以为自己为官清廉，身正不怕影子斜，没想到仇家竟然来这一手，把他跟梁启超的相片嫁接到一块，这下是跳进黄河也洗不清了。“我对太后可是从无二心，也没跟逆党有过半点来往，还请李兄在太后面前为我开罪呀。”

“这……”李莲英面带难色，“此事有相片为证，各大报刊竞相转载，太后已认定了你跟逆党有关联，贸然劝说，搞不好我的脑袋都会不保。”

“那该怎么办？”岑春煊急得快哭出来。

“这样吧，”李莲英想了想，“我利用自己的关系，拉上亲王他们一同劝说，或许能让太后改变主意。只是……打点费是断不能少的。”

听他这么一说，岑春煊为难地低下头：“我为官多年并无多少积蓄。只能把祖上留下的房产和水田卖掉，再加上妻子的首饰，该有一万两银子吧。”

“那好，你托家人速去办理。”李莲英说。

几天后，又是一个风和日丽的日子，李莲英卖力地给慈禧捶了半天背，太后心情不错，伸了伸懒腰：“小李子，岑春煊勾结逆党这事，你怎么看？”

“太后吉祥，奴才认为，岑春煊乃是受人陷害所致。”李莲英忙不迭地说道。“哦，可有证据？”慈禧望着李莲英。见时机成熟，李莲英使了个眼色，一个小太监带上一个人，这人是城北照相馆的黄老板，黄老板跪拜在地，手里举着一张相片。

“恭喜太后，贺喜太后，太后与观音齐寿，与观音一样慈悲为怀。”李莲英一番话，说得慈禧可是一头雾水。说罢，李莲英将黄老板手中的相片递上来，慈禧一看，愣住了：相片中，她跟观音娘娘并排出现在云端中，仿佛仙人一般，而李莲英则侍奉在两人身后。

“怎么回事，我啥时照过这样的相片？这相片假的吧？”但是看到自己跟观音并驾云端，慈禧心里还是乐滋滋的。

“太后英明。”李莲英接着说，“相片是剪接过的。”

“剪接？”慈禧听得糊涂了。

“就是黄老板先将城西观音庙中观音塑像拍下来，然后剪下来，将两张相片合到一起，再次翻拍，就成现在这个样子了。”李莲英解释道，剪接翻拍技术，一般大型的照相馆都能做到。

“这是真的吗？”慈禧问。

黄老板直点头：“所言皆实，我不敢有半句谎言。”

“这么说来，报上刊登的岑春煊跟逆党的相片，也是假的喽？”慈禧想了想，又问。

黄老板点点头，他仔细辨认过了，报纸上的相片都是假的。

“太后您看，报纸中岑春煊身着官服，逆党一直为朝廷所痛恨，倘若岑春煊跟逆党有关系，他又岂敢穿着官服前去交往，这就有悖常理了。”李莲英指着相片分析道，“况且，岑春煊的颜色鲜亮，而另外两位逆党分子身体颜色却发暗，人物光线不一，这说明相片中的人并非同时所拍，而是剪接翻拍的。岑春煊的仇家众多，肯定是他们请照相馆洗出假相片，再卖给报社；报纸为了制造噱头增加销量，最爱捕风捉影了，这类新闻正合报社心意，于是各报纸传得满天飞。太后您难道忘了，上次维新党人落网后，各大报纸不也是变相攻击太后，他们的话又怎么可信呢？”

就在头一年（1898年）光绪皇帝宣布变法，这就是史上有名的“戊戌变法”。9月21日，慈禧发动政变，将光绪太后软禁在中南海瀛台。变法失败后，戊戌六君子被斩于菜市，外界各报怜悯光绪，同情维新派，于是纷纷借古讽今诟骂慈禧，这让慈禧大为光火，从此她对报纸也没多少好感。

听李莲英这么一分析，慈禧拿起报纸仔细辨认，相片上人物的情况确实如李莲英所言，于是随即命人传岑春煊上来。

此时，岑春煊心里可是十五个吊桶打水，七上八下的，抬头一看李莲英，见李莲英微微一笑，冲他使了个眼色，他心里明白，自己的小命也许能保住了。

“岑春煊，哀家已经查过了，你确实是受奸人所害，念你为官清廉，你先回去等候，哀家自有定夺。”

“谢太后明察。”听慈禧这么一说，岑春煊心里长舒了一口气，正想退下，却又站住了。

慈禧不解地望着他，李莲英忙解释道：“为了给岑春煊讨要清白，其家人已经把祖产都卖了，换作盘缠，早就用得七七八八了，如今岑春煊哪里还有住的地方呀。”

听到这话，慈禧摆摆手："那就先住在驿馆吧。"

几天后的一个夜里，岑春煊来到李莲英的府上拜访，如今他已经被慈禧重新起用，任两广总督，即将上任。"李兄，这次全靠您的救命之恩。"一进门，岑春煊便抱拳道谢。李莲英摆摆手："兄弟之间，岂能见死不救？"说罢，岑春煊掏出一张银票，太后听说岑春煊连家产都变卖了，特别赏赐给他一大笔银两，让其购回祖宅。祖屋岑春煊已经买回来了，剩下的银子便送给了李莲英，算是自己的一番谢意。

"这怎么可以？"李莲英大惊忙去推脱，岑春煊扑通一声跪下："要不是李兄出面，岑某早就成了刀下冤魂了，这点钱，无论如何也请收下，否则我一辈子都会不安的。"岑春煊这么一说，李莲英只好扶起对方，勉强收下了。

送别岑春煊后，李莲英命下人关好门，自己进入厢房，拉开抽屉掏出一个檀木盒子，打开，里面是一沓银票。

翻手为云，覆手为雨，两张被PS过的相片，都是李莲英的杰作！

当初那些被革职的官员，想破脑袋要报复岑春煊，起初他们密谋刺杀他，但总督府守卫森严，连只苍蝇也飞不进去；联名上书告状更不靠谱，岑春煊为官正直，又是太后重用的大臣，这其中有一个叫陈少白的人突发奇想：找到李莲英，让他出面将岑春煊拉下马！因为只有太后才能摘去岑春煊的顶戴和脑袋，而能够左右太后意见的人，就是炙手可热的太监李莲英。这话一出，大伙都认为陈少白疯了。事实上，陈少白押对了人。李莲英因权势过人，能呼风唤雨、为所欲为，而且他圆滑世故，贪婪成性，只要给钱什么都肯干。望着陈少白奉上的十几万两银票，李莲英心动了。李莲英深知太后平生最痛恨的就是维新党人，只要将岑春煊跟维新党人拉上关系，岑春煊的乌纱便会不保。于是，李莲英偷偷找到一家照相馆，将岑春煊的相片跟梁启超、麦孟华PS到了一起，然后卖给各大报刊，待各大报纸转载遍了以后，他将报纸带入宫中，让小太监在慈禧面前演了一出，将岑春煊拉下了马。

接下来，他又将慈禧的相片和观音塑像PS到一块，又救下了“好友”岑春煊，在这翻手覆手之间，李莲英便毫不费劲赚取了陈少白和岑春煊奉上的大堆银子，而且还得到了慈禧太后的赞赏。只是包括慈禧在内的几个当事人，全被李莲英哄得团团转。

岑春煊心惊肉跳坐了一回过山车后，仍做回了两广总督；而陈少白那伙官员，花了不少银子，只是白高兴了一场。收益最大的当属李莲英，一场闹剧就这样收场了。

清官出书忙

一

1898年9月的一天，大清农工商负责人陈子方正慵懒地躺在太师椅上，下人送上一份报纸，头条刊登了百日维新的六君子被处决的新闻。看到这条消息，陈子方隐隐感到了一丝不安。

“圣旨到——”就在这时，门外响起了公公的喊叫声。陈子方一下子从椅子上跳下来，伏地便拜。

待公公念完圣旨，陈子方呆若木鸡地站在那里，没等他反应过来，他已经被押上囚车，投进了京城大牢。

“陈兄没事吧？”一个熟悉的声音响起，来人是老太后身边的红人，总管太监李莲英。一直以来，李莲英跟陈子方的关系还是不错的。

“李总管救我。”陈子方好像抓到了救命的稻草，连忙喊道。

“你摊上大事了！”李莲英支开身边的人，低声说道，“搞不好，只怕脑袋都保不住。”原来，思想守旧的慈禧太后对维新党人恨之入骨，凡是跟维新党人稍有牵连的，不是被砍头，便是革职查办。陈子方任职期间，确实因职务关系跟维新党人有过接触，并命印刷社刊印维新派的文章，可那是光绪皇帝的意思，他只是照办而已。没想到老佛爷秋后算账，把他也算上了。

“那该怎么办?”陈子方哭丧着脸问。

“事到如今,看在我们哥俩的情分上,我就硬着头皮帮你上下疏通,看能否劝老佛爷改变主意。你快让家人筹集资金,我好帮你打点。”

陈子方马上写了字条,让李莲英带了出去。好在他负责的农工商部门是个香饽饽,陈子方在位几年也有不少进账,经李莲英出面,陈子方的脑袋保住了。

陈子方回到家中,看到家财损耗厉害,仕途又渺茫,心中不禁茫然。除房子外,他身上只剩一枚祖传的玉佩了。陈子方手托玉佩,内心无比复杂。这时,李莲英来了,进门后微愣了一下。见恩公来了,陈子方忙上前迎请。李莲英似乎一眼就看穿了陈子方的心思:“陈兄,你想不想重新入朝为官?”

重新入朝做官,陈子方做梦都想:“但这可能吗?”

“也许有一个方法行得通。”李莲英两眼一眯,“出书!”

“出书?”

“还记得甲午战争爆发时,谁担任朝鲜交涉通商大臣?还有,湖广总督张之洞,你应该认识吧?”李莲英诡异地一笑。

李莲英边说着边掏出张纸片:“照着上面的思路出书就可以了,尽快写出来,然后拿到京华堂刊印。切记!切记!”说罢,李莲英告辞了。

二

陈子方文采不错,没多久他就编撰好了一本书,起什么名字呢?他想到了自己书中所写多是劝人为善的,于是给这本书起名《为善歌》,并将书名跟李莲英说了。

拿着稿本,陈子方直奔京华堂,这是北京城最大的一所印刷社。京华堂的老板张胖子一见是以前的顶头上司,倒也客气,但是听到要印书时,他伸出几个指头:“好说,开印得三千两银子。”陈子方顿时像被蜇了似的跳起来:

“这不是趁火打劫吗?!”张胖子呵呵一笑:“我也是没办法,一定得收这个数。”陈子方的脸顿时难看得像块破抹布,扭头就走。

陈子方一连找了大小十几家印刷社,这些印刷社一看到《为善歌》稿本,不是推说模具坏了,就是说自己的技术不在行,纷纷婉拒了,弄得陈子方一头雾水。最后,陈子方总算在街角看到一家新开张的印刷社,印刷效果跟京华堂不相上下,店主是外地刚来的年轻两口子。“三十两银子,保证让您满意!”两口子热情地接下了活儿。陈子方付下定金,满意地回去了。

晚上,两口子来到陈子方的家,陈子方一见对方便愣住了——两口子鼻青脸肿的,进门便退还了定金和稿本:“先生,您还是去京华堂刊印吧,他们的技术更好。”

在陈子方的一再追问下,两口子道出了实情:陈子方一离开印刷社,一伙陌生人就冲进店里打砸一番,逼他们把接到的活退了。

“这个京华堂欺人太甚,老夫帮你报官去!”

两口子一下跪地大哭:“使不得,使不得!对方说了,要是敢报官,明天就等别人来收尸吧!”

就在这时,李莲英让人送来话儿,催促陈子方尽快刊印《为善歌》。陈子方摆手让两口子回去了。如今当务之急是先印发文稿,这笔账以后一定算!他想了想,狠狠心扯下了腰间的翡翠玉佩,这玉佩水头特别好,而且里头有一片翠绿的沁色,形状像极了如意,这枚玉佩少说值三千两。

望着玉佩,张胖子马上满脸堆笑地接过了活儿。

“等着瞧,待老子东山再起时,有你好看的!”陈子方心里恨恨骂道。

半个月后,李莲英满面春风地来到陈子方的府上:“陈兄,妥了。《为善歌》进献上去,老佛爷高兴得不得了,而且下令广为刊发,首期刊数就达十万册,您就等着升官吧!”慈禧看到《为善歌》后,上面全是“太后佛爷真圣人,垂帘听政爱黎民”和“圣心犹为天下计,忧国忧民常不眠”等吹捧太后,歌功颂德的语句，她能不开心吗？

当年，清政府认定是时任朝鲜交涉通商大臣袁世凯“任性妄为”才挑起了中日战争，因此将袁削职。袁世凯不甘心仕途断送，私下找到李莲英。不久，袁世凯便招人编撰《时局艰危亟宜讲求练兵折》一书，刊发后借李莲英之手送到了慈禧手上。慈禧正为战败而懊恼，看到这书竟直拍大腿叫好，命袁世凯组建新式陆军。袁世凯靠着出书又飞黄腾达了。

1896年，身为湖广总督的张之洞曾积极支持维新党人。然而，政治风头很快转了向，一见苗头不对，张之洞马上撰写《劝学篇》，主张维护君主专制的思想。这书一出，很快得到了慈禧的认可，特别在李莲英的游说下，慈禧下令广为刊发，所有在职官员人手一本。

当时，陈子方也买了一本，《劝学篇》卖得可不便宜。所以，见陈子方有难了，李莲英想到通过出书帮陈子方化解危机。

“李大总管，您不仅救了我的命，还帮我重新为官，您对我的恩情形同再造呀！”见李莲英帮了自己大忙，陈子方感激得眼泪快流出来，他就地跪拜，被李莲英一把拉住。李莲英连连摆摆手：“咱们兄弟俩，谁跟谁呀，甭客气。”

正如李莲英所言，不日，陈子方被慈禧召见进宫，赐三品顶戴，任江南按察使。

三

两年后，陈子方被诏回京城，一到京城，陈子方直奔京华堂。

见到陈子方，张胖子也有些吃惊，不过很快就镇定下来。“当年陈某交给你的玉玲珑，张老板该还回来了吧？”听陈子方这一问，张胖子支支吾吾的，半晌才道出，玉玲珑已经被他弄丢了。见状，陈子方大怒，命人将张胖子押到了顺天府，府尹黄元是陈子方的同乡。正要开审时，下人来报，在陈子方耳边低语几句，陈子方只好匆忙告辞。

原来，李莲英听闻陈子方回京，于是前来探望。临别时，陈子方将对方送至大门外，李莲英脚下打滑，人摔倒在地。“哎哟——”李莲英神情痛苦不已，掀开外衣，他身上挂着的一枚玉佩正好硌在腰间，玉佩被压碎了。见恩公倒地，陈子方忙去搀扶，却见李莲英快速爬起来，手抓起碎玉塞进衣袖。“没事，没事。”说着上轿离开了。

地上还有一块玉屑引起了陈子方的注意——玉屑里头有片翠绿的沁色，沁色呈如意形状，尽管玉佩压碎了，但陈子方还是能认出它就是自己那枚祖传的玉玲珑！

自己的东西咋会跑到李莲英那里？晚上，陈子方还在为这事困扰时，黄元来访。

“张胖子那边怎么样了？”陈子方问。

黄元两手一摊，人他已经放走了。张胖子被抓后不久，宫里就有人传话让他放人，黄元不敢不听。

“是谁让你放的？”

“李——大——总——管！”

黄元一字一顿地说，接着递过一个账本，是京华堂几年来大笔业务往来明细，其中就有陈子方的《为善歌》，上面记录此书前后共印了几十万册，每册书京华堂的成本连同赚头共收取了一钱银子。

“不对呀！”陈子方记起来了，“此书下发到各省各部门，每册收费是三钱银两。”

“老佛爷老了，就喜欢人们为其歌功颂德，特别是出书记载她的丰功伟绩，很多官员便投其所好，纷纷出书，仅此一项有人便赚取了可观的银两。”

听黄元这一说，陈子方慢慢理顺了思路：出书就是为了讨好老佛爷以求更好地上位。可是那么多官员出书，老佛爷看不到就等于白出了，所以关键时刻还得靠李莲英。于是，李莲英便借此机会大捞一笔，一边劝说官员出书，一边在京华堂刊印捞取印刷费，同时在印数上又狠赚一笔，这一进一出，收益可观。陈子方出了本《为善歌》，李莲英便轻松地捞到了六万多两银子，难怪他会这样热心帮忙！张之洞出书，袁世凯也出书以及其他多如牛毛的官员出书，李莲英该有多少收入呀！为啥张胖子语气会这么牛，为啥自己的玉玲珑会出现在李莲英的身上，陈子方全明白了。

第二天，陈子方被诏进宫里，在威严的皇宫里，他见到了老态龙钟的老佛爷。这次诏见，是要陈子方组编一本慈禧自垂帘听政以来，为大清所作功劳的史书。领旨后，陈子方偷瞄了眼太后身边的李莲英，此时李莲英的脸早已笑成了一朵花……

天下快刀

一

当听到拜帖被拒时，李剑飞一掌便把厚重的红木桌子拍碎了。李剑飞是西北天沙帮新任帮主，此次召开武林联盟大会，谁知他的拜帖连门都进不了，特别是负责西北地区联盟事务的天山老怪，更是大骂李剑飞畜生不如，没资格参加。

"天山老怪，咱俩没完，这个仇迟早得报！"李剑飞心中暗骂道。他无奈低头望了望拇指，上面光溜溜的，尽管坐上了帮主之位，但没有天沙帮的玉扳指，江湖上并不认同他。

"报告帮主，找到于凤了。"听到这消息，李剑飞兴奋地跳起来，"太好了，马上动身！"

几天后，李剑飞出现在大漠边一个小镇的饭馆里。饭馆很简陋，只经营一道菜：烤全羊，但里面的客人却不少。店老板叫张胖子，他的烤全羊是当地一绝，不仅味道绝佳，而且张胖子的切肉手艺也是一绝。

"来只烤全羊。"李剑飞带着手下不动声色坐下，暗暗观察四周。

张胖子拖着肥胖的身子来到壁炉前，勾出一支已经烤得通体金黄的羊，放在大托盘中，然后抄起一把锋利的切肉刀，手起刀落，刀光上下飞舞，快到无法看清，正当众人目瞪口呆之际，张胖子已经收起刀，只见托盘中的烤全羊骨肉分离，整头羊的肉已经被削成纸一样薄的肉片，而羊骨架却完整无缺，上面干净得看不到一丝肉！张胖子出神入化的手艺赢来了众人的喝彩。

“这人会武功？”手下低声叫起来。却见李剑飞摇了摇头，方才他仔细观察过，此人重心并不扎实，可见不会半点武功，手脚快只不过是切的肉多了熟练而已。

“于凤在哪？”张胖子放下托盘正想离去，李剑飞冷冷问道。张胖子被问得一头雾水：“于凤？我不认识。”

李剑飞脸一沉：“天沙帮弟子经过多方打探，终于在羊肉店里发现了于凤的踪影。识相的，就把人交出来，否则——”李剑飞话音刚落，五指如钢爪般扣住了张胖子的锁骨，张胖子顿时动弹不得。正如李剑飞判断的那样，张胖子并无半点武功。

“客官，你认错人了，我真不知道于凤是谁。”张胖子痛苦地嗷嗷大叫，但李剑飞面无表情，又加大了力度。

“放了他，欺负一个不会武功的人算个鸟！”一个声音吼道，门外出现了一位秃顶老头。

“我是天沙帮帮主李剑飞，识相的滚开，否则别怪老子无情！”见有人坏自己的好事，李剑飞亮出身份。

一听到李剑飞这个名字，食客惧怕得纷纷离座。然而秃顶老头却满脸不屑：“呵呵，原来你就是那个欺师灭祖、残害同门的畜生李剑飞，我天山老怪平生最瞧不起的就是你这种卑鄙小人。”

冤家路窄，李剑飞正为拜帖被拒一事恼怒不已，眼前仇人主动送上门来，一股怒火不由从两肋升起。他推开张胖子，随手甩出数枚飞镖，天山老怪举起拐杖刚打落暗器，李剑飞已拔剑刺过去。天山老怪连忙就地打滚，这才避开了李剑飞的利剑。

“你好歹毒!”天山老怪骂道。李剑飞冷冷地哼了声:“只要能得到想要的东西,我可以动用一切手段。

二

李剑飞原是天沙帮大弟子,习武的灵性颇高,很快掌握了原帮主于观天的绝学,狂妄之余,其残暴的本性也渐渐显露出来。然而就在一年前,于观天决定将帮主之位传给另一位弟子。深受刺激的李剑飞偷偷给于观天下了毒,然后公然向帮主挑战,并在比武中杀死了于观天和那些反对自己的同门师兄。帮主临死前,将玉扳指塞给了女儿于凤。熟悉水性的于凤跳入山崖下面的河流,被水流带走了。活要见人,死要见尸。于是,李剑飞派出所有手下在下游寻找,终于在羊肉店中发现了于凤的踪影。

剑来棍往,不觉交手了上百回合,两人依然打了个平手。突然,李剑飞露出一个破绽,天山老怪用拐棍猛刺过去,尽管李剑飞衣帛开裂,但身体却毫发无损——李剑飞贴身穿了件金灿灿的金丝软甲!

“去死吧!”趁着天山老怪愣神之际,李剑飞一剑猛刺过去,天山老怪忙用拐杖抵挡,然而精钢打造的拐杖竟应声而断,剑锋穿过拐杖直入天山老怪的心口,天山老怪咚一下栽倒在地,气绝身亡了。

李剑飞的剑如其名,剑快如电,出招稳、准、狠,一出手便是一剑穿心,因此死在他剑下的人不计其数。

“不想跟天山老怪一样下场的,就告诉我于凤在哪!”李剑飞转身走向墙角的张胖子。“你这个杀人狂魔……”张胖子吓得直发抖,向墙角退去,他根本就不知道李剑飞要找的于凤是谁。慌乱中摸到了一把切肉刀,不由多想他抄起刀冲向李剑飞。

“找死!”李剑飞不屑地冷笑一声,剑锋一转,直指张胖子左胸心口,他根本无需自己出手,单凭冲力的惯性,张胖子就会自己送了性命。

眼看剑尖仅有半尺之遥，张胖子已经收不住脚了——

当！一把刀飞过来，挡开了李剑飞的剑，随即一个女子飞跃而进。

“师妹，我就知道你会出现的。”李剑飞皮笑肉不笑地对女子说道。

张胖子愣在那里，这不是店里的巧姑吗？一年前他进关内买羊，救下了一个晕倒在河边的女子，女子说她叫巧姑，家被强盗抢了，父母死于强盗的刀剑下，她是跳下河才得以脱险的。张胖子见其可怜，便和她以兄妹相称带回店里。不想，她就是李剑飞要找的帮主的女儿于凤。

“把玉扳指交出来，我可以免你一死。”李剑飞说。

“休想！”于凤从牙缝中挤出两个字，然后举剑直扑仇人。尽管于凤报仇心切，但功力始终在李剑飞之下，没多久，于凤便只有招架的份，转眼被李剑飞踩在脚下。

“把玉扳指交出来！”

于凤头一扭：“我就算是死，也不会把玉扳指交给你这个嗜杀成性的恶魔。

“好，我成全你！就算你于凤不说，我挖地三尺，也会把玉扳指找出来！”李剑飞眼露凶光，一剑刺向于凤心口，于凤知道在劫难逃，闭上了眼睛。

呼！一阵迅猛的阴风袭来，速度之快，力道之猛，连李剑飞都感到惊讶，他连忙一个打滚，这才避开了劈来的一刀——情急之下的张胖子抄起菜刀扑过来就是一顿乱砍，然而张胖子哪是李剑飞的对手，李剑飞连退几步，一抬腕，马上就把菜刀磕飞了，唰一剑刺中了张胖子左胸，张胖子像木头一样立在那，鲜血顿时顺着剑锋喷出。李剑飞为人狠毒，他出剑喜欢往左胸刺，那是人的心脏位置，一剑便能致命，以往死在他剑下的对手，无不是被刺中心脏而死的。

“张大哥——”于凤悲痛地喊道。

张胖子神情痛苦地低头望了眼，剑已刺入身体大半。

“去死吧！”李剑飞狞笑着。

“谁死还不一定！”张胖子咬牙大吼一声，将自己身体压向利剑，剑应声刺穿了张胖子左胸，李剑飞也被压到了墙角的桌子旁，说时迟，那时快，张胖子抄起切肉刀便是一顿乱砍。

李剑飞猛然一推，张胖子应声倒下，但他脸上却带着胜利的笑容。李剑飞突然感到有些异样，低头一看，不禁脸色大变——他的两条大腿和左手只剩白森森的骨架，上面血肉全无，因为刀快，李剑飞甚至没感觉到痛！

咔嚓，骨架寸断，李剑飞应声倒地。“给我杀了张胖子，我重重有赏。”李剑飞呻吟着下令，天沙帮弟子们望了眼地上的张胖子，互相使了个眼色，纷纷拔剑猛然刺下。

“你们——”

剑刺在了李剑飞的咽喉上。

“这剑是给师傅报的仇——”“这是为死去的弟兄报的仇——”那一刻，李剑飞终于知道了什么叫众叛亲离。

半个月后，在于凤的精心照料下，张胖子已经可以下地活动了。“张大哥，为啥利剑刺穿了心脏，但您却奇迹般活过来了？”天沙帮弟子感到无比困惑，纷纷问道。张胖子呵呵一笑，他的心脏有异于常人，是长在右胸的，要是长在左胸早就没命了。

“张大哥，您本不会武功，但出手却比我们还迅猛，不但逼停了李剑飞，救下了大小姐，而且还把李剑飞砍成重伤，这到底是怎么回事呀？”

张胖子扭头望了眼于凤，突然涨红了脸，忸怩得像个孩子，呵呵，这个，还用问原因吗？

双 龙 斗

“掌柜不好,有人在盐井上坎开钻!”听到这话,焰龙盐井的老板林元春忙跑出去。只见一群人正在上方不远处开钻挖井。焰龙井的盐工试图阻止对方,眼看一场械斗就要发生。“谁让你们开采的?”林元春问。对方人群中一个尖瘦脸的家伙出来:“是我。”

林元春一见此人,愣住了。

“我是谁你该不会忘了吧?!”尖瘦脸阴声道。说罢,掏出开采凭证一晃。尖瘦脸叫张富,曾是林元春雇佣过的一名凿凿匠(盐井开挖匠)。

清朝年间,官府允许民间开采井盐,人们涌入富藏盐卤的四川,开挖了许多盐井。焰龙井就是其中一座。张富持有官府颁发的开采证,林元春无法再阻拦。

“气往上跑,水往下流,咱们以后要吃亏了。”盐工担忧地说。林元春无奈地叹息道,好在挖井出盐并非一两天的事,张富能不能挖成还说不准呢。当时生产力低下,全靠人力往下凿,有时深挖到地下近千米才有卤水和天然气,挖一口井少说要三五年,长则十几年,甚至有一些井挖到最后耗尽投资人所有家产都没成功。之前,林元春在县城西郊一个叫油渍滩的地方开挖过盐井,结果失败了。后来又开挖了焰龙井,耗时6年方大功告成,焰龙井气卤并存,但产量不高,最多时可同时开烧50锅盐。尽管林元春赚得不多,但他还是一直善待盐工，让盐工吃好、住好。

5年过去了，张富的盐井打通了，并取名为蟠龙井。井深1 030米，刚好比林元春的盐井深挖了30米。井下的天然气嘶嘶地从井口喷向空中，气量非常足。焰龙为火，蟠龙属水，水可克火，明摆着张富就是冲着林元春的焰龙井来的。

“不好！”林元春意识到了什么，他跑进煮盐灶房，焰龙井采到的天然气就用木制枧管引到灶房，再提炼卤水成盐。只见锅下面的火焰有气无力地扑腾着，林元春最担心的事发生了——跑气！由于卤和气并存在同一层面的岩石板块中，蟠龙井建在焰龙井上头，井口更大，岩气顺着蟠龙井往上跑，下层的卤水则流往更低的蟠龙井中。

林元春气不过告到官府，却又上告无果，因为两口井的距离恰好在官府规定两口盐井最小距离之上。

蟠龙井投产后，林元春的盐井减产得厉害，倒是蟠龙井那边产量连连上升，最多时上百口锅同时开火，灶房里的盐锅一口挨着一口，煎煮卤水时产生的硫化物烟雾弥漫。为了挣更多的银子，张富命人日夜开工，盐工终日与毒烟为伴，许多人得了常见的风湿和黄肿。

尽管发生了跑气，但焰龙井尚可勉强维持，林元春不敢松懈，每天守在井上，生怕再出乱子。

一日晌午，林元春刚进屋，外头传来一声巨响，只见坎上成千上万担卤水倾泻而下，转眼灌到下方的焰龙井，卤水直捣灶心冲入天然气口，顿时火花四溅，卤水杂着泥沙继续涌入焰龙井。

后经官府查验，是蟠龙井的麻绳断裂导致栈桶卤水外泄。官府草草判了蟠龙井赔五百两银子给焰龙井启淘（下井清理和重新开挖），双方不得再起争议。

林元春全面停工，启淘了两个月毫无结果。其间，他甚至亲自下井察看进展。“掌柜,您下来看看。”这天正启淘着,老工匠突然高声喊道。林元春下井后,半天像泥猴子般钻出来,只见他一脸失望,显然焰龙井已经没戏了。林元春心情无比复杂地宣布结清井上所有盐工的开支,仅留下几名值班人员,择日变卖工具。

“林老板没想到吧?!你也有今天,我就是要搞垮你!”张富走过来得意地说道。当年林元青开采油渍滩盐井时,请的就是张富。凿凿匠工价高昂,而且以日计。为了省钱,林元春隔三差五让张富停工,这让张富很是不满。张富看上了老家一位漂亮的姑娘,本说好完成一期工程领到工钱便回家下聘礼的,但林元春却在关键时刻停工,没工开就没工钱,张富向林元春借钱,又被林元春以手头短缺拒绝了。姑娘成了别家的媳妇了,张富气坏了,发誓一定要搞垮林元春!他拼命挣钱,最后在盐井上坎开挖新井,不仅扯走了天然气,又做手脚让栈桶淹了焰龙井。

“事情并非你想象的那样。”林元春说,“当年开挖油渍滩时,我发现盐井泥层松动,油性太大,再挖下去随时会塌方,于是让你停工。当时,我手头上确实没钱了,你一气之下辞工了。就在你离开不久后,油渍滩的盐井就发生了塌陷,所幸无人员伤亡。”

听到这,张富满腹狐疑:“谁知你说的是不是真的?”林元春正想找人证实。“掌柜不好,掉筒了!”这时蟠龙井的盐工跑过来喊道。张富也懒得理会林元春。望着张富离去,林元春叹了口气。

汲卤就跟在水井打水一样,把汲筒放到井里再用辘轳圈上来,放汲筒时操作不当就可能发生断丝现象,筒子不钩上来会堵在井中无法开采。

几天后,总算钩到了漂在卤水中的汲筒,盐工开始吃力往上搅,搅上来的钢丝散落在井边,张富则站在辘轳边察看。眼看汲筒就快扯上来,突然盐工手一滑,数百斤的筒子扯着钢绳往下坠,不好,张富扭头看了一眼,连忙就地一滚动,钢绳像利刀一样甩过来,擦着张富的耳朵削过去,张富身边一位盐工躲闪不及，当场就被钢绳切成两截！

张富上下打点了不少银两，总算将这事摆平了，蟠龙井得以继续开采。自打掉筒后，蟠龙井好像耍起了性子，时不时断了卤水，如果想正常生产只有再深挖盐井，张富咬咬牙，又投入资金深挖。

深挖月余仍未出卤，为尽快挽回损失，急躁心烦的张富逼着工匠加紧开挖，他不仅增派了人手下井，甚至连工人的吃喝都安排在井下。这天正挖着，突然盐井传来开山炮般巨响，一股强大的气流挟着卤水、沙石喷涌而出，冲上地面几十米高。刹那间，距离井口十几米外的灶房立刻被点燃了，随即又引发了第二次大爆炸。猛烈的火势转眼吞噬了蟠龙井，一些逃跑不及的盐工葬身火海。

蟠龙井毁于一旦，无力赔偿的张富被关进了大牢。

半个月后，林元春来到牢房。“你来干什么?!”张富冷冷问道。“盐井出事，是迟早的事。”林元春平静地说，“当一个人内心只有仇恨时，只会把自己拖入疯狂的泥潭。你满脑子想着如何搞垮我，如何挣更多的银子，以致忽略了生产安全，最终酿成大祸。”

“掉筒是盐井出现了‘抬气’现象导致的，当卤水和天然气同出现在一个层面时，水中有气互相冲撞，卤水会被顶出井底100米以上，如果盐工没感觉出来继续放丝就会导致断线掉筒。而每打捞一次汲筒就会让岩石松动，震落的岩石沙土堵住底部的缝隙，从而引发断卤。要想避免掉筒，就需要盐工一看二听:一看，看钢绳绷紧的力度，当空筒子刚落到卤水面那一瞬间，绳子是弯的，随即钢绳会向上跳跃;二听，当‘抬气’时汲筒下落后与平时有细微的差别声。‘抬气’这种情况在焰龙井也出现过数次，多亏我手下的盐工经验丰富、观察细致避免了掉筒。你的盐工吃得差、睡不好，劳动强度大，精力分散，碰到‘抬气’又如何能辨别出来？出事是早晚的事。当时已经挖到了气层，已有细微的天然气从石缝中渗出，但疲倦的工匠没能察觉，在井下抽旱烟解困,从而引发了大爆炸。”

“说这些又有什么用?! 我和你的盐井都毁了,算是扯平了!”张富幸灾乐祸地苦笑道。

“不,多亏了你,焰龙井又活了,而且产量比以前翻了一倍! 启淘焰龙井发现了气和卤,但井底岩层松动,一块掉下的小石头都可能让盐井报废。由于一时想不到对策,又怕你使坏,我便假意宣布启淘失败,再想法子解决。谁知蟠龙井的掉筒、爆炸堵塞了盐井缝隙,底部天然气在巨大的压力下,竟顺着岩层冲破焰龙井喷薄而出,如今焰龙井的气和卤的产量是以前的两倍,这个结果就连我也没有料到。”

听到这,张富怔住了,半晌没说话。